Fritz Georg:
Jugendjahre in unruhiger Zeit
1943 - 45

AF210761

Für meine Enkelkinder.

Fritz Georg

Jugendjahre
in unruhiger Zeit

1943 - 45

Lauterbach-Allmenrod, 1999/2000

Fritz Georg:
Jugendjahre in unruhiger Zeit 1943 - 45
Lauterbach-Allmenrod 1999/2000
Lektorat, Satz und Layout: M. Krauss
Herstellung: Libri Books on Demand
ISBN 3-8311-0469-7

Vorwort

Seit dem Zeitraum, von dem ich im folgenden berichte, nämlich den Jahren 1943 bis 1945, sind mehr als fünfzig Jahre vergangen. Manches was damals geschehen ist, war bei mir der Vergessenheit anheimgefallen. Beruf und Familie setzten andere Prioritäten als die Beschäftigung mit der Vergangenheit. Erst nach meinem Eintritt in den Ruhestand habe ich meine stichwortartigen stenografischen Notizen und die Feldpostbriefe, die ich regelmäßig an meine Eltern schrieb und die von diesen gesammelt und aufbewahrt wurden, hervorgeholt und mich mit meinen Erlebnissen während der Kriegszeit befasst. So ist mir vieles, was inzwischen „verschüttet" war, wieder gegenwärtig geworden. Als ich im Januar 1943 eingezogen wurde, war die Zeit der Sondermeldungen des „Großdeutschen Rundfunks" über Vormärsche und gewonnene Schlachten vorbei. An deren Stelle waren im Osten die Rückzugskämpfe und im Westen die Verteidigung der „Festung Europa" und vor allem die Bombenangriffe der Alliierten auf das deutsche Reichsgebiet getreten. Dies lassen auch meine Aufzeichnungen erkennen. Als damals Siebzehnjähriger mit einer eher skeptischen Grundhaltung zum Kriegsgeschehen habe ich keine bemerkenswerten Tapferkeitsleistungen vollbracht. Mein Bericht ist eine Schilderung des Alltags, wie er sich für mich beim Reichsarbeitsdienst, bei der Wehrmacht und schließlich in der russischen Kriegsgefangenschaft darstellte.

Ich habe meine Erlebnisse und Erfahrungen in erster Linie für meine Familie und meine Nachkommen aufgeschrieben, darüber hinaus aber auch für solche Leser, denen daran gelegen ist, ihr Wissen über die für uns Deutsche so schicksalsschwere Zeit zu erweitern. Es gibt eine umfangreiche Memoierenliteratur von Heerführern, Generalstäblern und sonstigen hohen Offizieren über den zweiten Weltkrieg. Diese Aufzeichnungen sind sicherlich wichtig und notwendig. Ich denke, daß dazu aber auch das Wissen über die Situation und die Erfahrungen der einfachen Soldaten gehören könnte.

Bei meinem Schwiegersohn Herbert Weller bedanke ich mich für seine tatkräftige und sachkundige Unterstützung beim Erstellen meines Berichtes.

Lauterbach - Allmenrod, im Oktober 1999.

Fritz Georg

Reichsarbeitsdienst

Beim Gruppenstab in Alsfeld

In den letzten Tagen des Jahres 1942, zwischen den Jahren, wie man im Vogelsberg sagt, kam mein Gestellungsbefehl. An Stelle einer Briefmarke die Aufschrift: „Frei durch Ablösung Reich". Es war die Einberufung zum Arbeitsdienst, zur RAD-Abteilung 4/223 in Alsfeld. Dienstantritt am 11. Januar 1943. Ich hatte schon einige Zeit mit der Einberufung gerechnet. Dennoch kam sie dann doch überraschend. Der Winter 1942/43 war wie nahezu alle Kriegswinter im 2. Weltkrieg kalt und schneereich. Damals gab es noch keine öffentliche Verkehrsverbindung von Allmenrod nachLauterbach. Und da das Fahrrad wegen des hohen Schnees oftmals nicht benutzt werden konnte, blieb nur der Fußmarsch von etwa 1 1/2 Stunden morgens in der Frühe um 5,30 Uhr ab Allmenrod, um rechtzeitig zum Dienstbeginn um 7 Uhr im Landratsamt - damals sagte man noch meist „Kreisamt" - zu sein. Abends um 7 Uhr ging es dann wieder bergwärts nach Allmenrod. Es war dies im übrigen nichts besonderes für mich, denn auch in den vorhergehenden Wintern 1939/40, 40/41 und 41/42 war ich über Wochen arbeitstäglich diesen Weg gegangen. Nach Fußmarsch und Abendessen wurde dann trotzdem noch die „Spinnstube" besucht.

Mir schienen überdies meine täglichen Fußmärsche in den Wintermonaten eine gute Übung zu sein, für das was mich bei Preußens erwartete.

Abschied feierten wir im Kreise der Spinnstube, wozu sich auch einige Freunde aus Wallenrod, aber auch Heinrich Schrimpf aus Heblos gesellt hatten, am letzten Wochenende vor dem 11. Januar mit einem guten Essen (Hasenbraten und Klöße), das uns „Hohe Katherine", die Wirtin im Gasthaus „Zum Hof" zubereitet hatte. Die Hasen hatten wir von den Eltern meines Spinnstubenkameraden Ludwig Decher aus dem Oberdorf erhalten, der im nächsten Jahr zur SS - Division Hitlerjugend eingezogen werden sollte. Heinrich Schrimpf hatte ebenfalls die Einberufung zum 11. Januar bekommen, allerdings nicht nach Alsfeld, sondern zu der in Kirtorf liegenden RAD-Abteilung. Nach Alsfeld waren auch meine beiden Kollegen vom Landratsamt, Fritz Eichenauer aus Angersbach und Willi Gerbig aus Wallenrod, einberufen worden. Zu den Wallenröder Jungens unserer Spinnstube gehörten noch „Kühkonne" Heinrich und „Dorte" Karl, die beide nach dem Besuch der Alsfelder Musikschule recht ordentlich Geige spielten und zusammen mit „Kläs`ches" Karl aus Allmenrod mit seinem Schifferklavier unsere Musikkapelle darstellten.

Der 11. Januar 1943 war ein trüber, schneeverhangener Wintertag. Von daher paßte er eigentlich so recht zu meiner Stimmung die sich auch eher in Richtung „Moll" bewegte. Am späten Nachmittag - es dunkelte schon - brachte mich ein Kamerad aus der Spinnstube, der bei Bürgermeister Heinrich Lerch als landwirtschaftlicher Gehilfe in Diensten war, (nach der damaligen mundartlichen Diktion war es „Schulmeistersch", so der Hofname der Familie Lerch, Rudolf) mit dem Schlitten, der von zwei flotten „Oldenburger" Pferden gezogen wurde, zum Bahnhof nach Wallenrod. Ich hatte mit Willi Gerbig und Fritz Eichenauer verabredet, daß wir erst gegen Abend nach Alsfeld fahren wollten. Willi Gerbig traf ich zur verabredeten Zeit am Bahnhof in Wallenrod, wo wir gemeinsam in den Zug einstiegen. Fritz Eichenauer war nicht im Zug. Wie wir später feststellten, war er mit einem noch späteren gefahren, dem letzten, der an diesem Tage nach Alsfeld ging.

Die Fahrt von Wallenrod nach Alsfeld war nur kurz. Am Bahnhof wurden wir von zwei RAD-Führern abgeholt. Der eine sammelte durch lautes Rufen die Arbeitsmänner der Abteilung 5/223 die ebenfalls in Alsfeld ihren Standort hatte. Der andere, wie ich später erfuhr, ein Unterfeldmeister namens Nünchert, sammelte die Ankömmlinge, die wie ich zur Abteilung 4/223 einberufen worden waren. Inzwischen hatte es handfest zu schneien begonnen. Im dichten Schneetreiben marschierte unsere Gruppe - es mögen etwa 40 Leute gewesen sein - in Marschkolonne vom Bahnhof zur Unterkunft der Abteilung. Diese war in Baracken untergebracht, die sich rechts der Straße nach Romrod am Stadtrand befanden. Unterhalb der Baracken, die halbkreisförmig um den Lagerplatz errichtet worden waren, befand sich das Küchengebäude mit dem Essraum, in dem die ganze Abbteilung - etwa 180 Arbeitsmänner - Platz fand. Seitlich dieses Raumes waren auch die Toiletten, natürlich ohne Wasserspülung, vielmehr als Gemeinschaftseinrichtung nach „Donnerbalkenart" etabliert. Die Barackenlager der RAD-Abteilungen waren übrigens nach einer einheitlichen Norm hergestellt und trugen die amtliche Bezeichnung „Reichsholzhauslager". Zur ersten Übernachtung wurden wir Neuankömmlinge in zwei leere Baracken eingewiesen. In einer Baracke wurden jeweils ein Trupp, bestehend aus 16 Arbeitsmännern und dem Führer des Trupps, einem Vormann, untergebracht. Die mit einem Strohsack gefüllten Betten waren dreifach übereinandergestellt.

Wecken war morgens um 5.30 Uhr. Nach dem Frühsport, an dem die ganze Abteilung beteiligt war und der auf dem Lagerplatz stattfand, der auch als Appellplatz bezeichnet wurde, gab es das gemeinsame Frühstück im Speisesaal. Obligatorisch gehörte dazu als erster Gang eine warme Mahlzeit, bestehend aus einem Teller mit süßem Grieß und gedörrten Pflaumen. Danach erhielt jeder seine Tagesration Brot: ein Viertel Kommißbrot, dazu etwas Margarine und Kunsthonig oder Marmelade. Die Grießbreimahlzeit zum Frühstück sollten nur die noch nicht 18jährigen Arbeitsmänner erhalten, also ein Ernährungszuschlag für Jugendliche. Da aber alle Arbeitsmänner das 18. Lebensjahr noch nicht vollendet hatten, wurde diese Zusatzmahlzeit an alle ausgegeben.

Schon am ersten Tage bekamen wir im Trupp 1 - das waren die Größten der Abteilung - „den Schneid abgekauft". Der Vormann machte uns deutlich, daß es für uns nur eine Fortbewegungsart auf dem Abteilungsgelände gebe, nämlich der Laufschritt. Da wir von unserer Baracke sowohl zum Speisesaal als auch zur Toilette jeweils den ganzen Lagerplatz überqueren mußten, war man immer etwas außer Atem, bis man angekommen war.

Am ersten Tage, also am 12. Januar, erfolgte unsere Einkleidung. Der Kammertruppführer besorgte dies mit viel Routine und ohne uns oder sich selbst über Gebühr aus der Ruhe zu bringen. Das konnte man von den anderen Truppführern nicht sagen, den ganzen Tag über dröhnte deren laute, schreiende, oftmals sich überschlagende Stimme über den Lagerplatz.

Nach dem Frühstück war truppweise Unterricht in den jeweiligen Truppunterkünften. Wir saßen auf unseren Schemeln im Halbkreis um den Unterrichtenden herum. Unterrichtsthema waren RAD-Organisation, Dienstgradabzeichen, Waffenkunde usw. Sobald es halbwegs hell geworden war, ging es zum Geländedienst oder truppweise zum Formalexerzieren auf den Appellplatz. Eine besondere Bedeutung nahm im Dienstplan der Arbeitsunterricht ein. Ich hatte vorher nie gewußt, daß sich der Umgang mit Spaten und Schaufel so wissenschaftlich analysieren ließ, wie es in diesem Unterricht geschah. Exerzieren und Felddienst waren im übrigen nicht meine stärksten Seiten. Mir fehlte es einfach an der dazu erforderlichen Zackigkeit. Das lag Willi Gerbig schon eher, am meisten allerdings Fritz Eichenauer, der schon am zweiten Tag wegen seines zackigen Auftretens und natürlich auch wegen seiner Leistungen in der Gesamtheit, zum sogenannten „Hilfsausbildertrupp" versetzt wurde, zu dem eigentlich nur HJ-Führer - ein solcher war

Fritz nicht - kommen sollten. Die Angehörigen dieses Trupps wurden besonders intensiv ausgebildet, damit sie dann bevorzugt zum Vormann befördert und als Hilfsausbilder bei der nächsten Einberufungswelle eingesetzt werden konnten. Fritz hat dieses Programm spielend bewältigt und wurde in der Folge - übrigens bis Kriegsende - als Truppführer bei der RAD-Flak eingesetzt. Im Vordergrund des Dienstes stand allerdings ohnehin nicht so sehr die Ausbildung mit dem Spaten, sondern die Einweisung in das gefechtsmäßige Verhalten im Gelände, unter Einschluß der Beherrschung des Gewehrs 98 k. Mittags gab es nach dem Essen eine Stunde Pause, die an sich zum Ruhen dienen sollte, die jedoch zum großen Teil zum Reinigen der am Vormittag im Gelände verschmutzten Uniformstücke und der Stiefel verwendet werden mußte. Abends gegen 18 Uhr war Abendessen. Danach meist noch Singen oder weltanschaulicher Unterricht.

Für mich sollte in diesem verhältnismäßig eintönigen Dienstbetrieb jedoch bald eine Änderung eintreten. Am 21. Januar, einem Donnerstag wurde ich als Schreiber zum Gruppenstab versetzt. Der Gruppenstab war ebenfalls in Alsfeld etabliert. Das Stabsgebäude befand sich unmittelbar beim Bahnhof und zwar rechts vom Bahnhofseingang. Zunächst war ich der einzige Arbeitsmann beim Gruppenstab der aus etwa 15 - 18 RAD-Führern bestand, angefangen vom Obertruppführer bis zum Arbeitsführer. Die RAD-Gruppe bestand aus 6 - 8 Abteilungen mit jeweils etwa 150 Arbeitsmännern. Die Arbeitsdienstpflicht der einberufenen Arbeitsmänner erstreckte sich auf ein halbes Jahr. Jede Arbeitsdienstgruppe hatte über den Arbeitsgau einen Einsatzbefehl erhalten. Die Alsfelder RAD-Gruppe mit der Nr. 223 war eine sogenannte K-Gruppe, also eine für den Kriegseinsatz vorgesehene Einheit, die an sich ihren Standort im Elsaß, in der Nähe von Straßburg, hatte. Bei der Gruppe erfuhr ich, daß die zu ihr gehörenden 6 Abteilungen, die in Alsfeld und einigen benachbarten Ortschaften des damaligen Kreises Alsfeld lagen, für den Einsatz in Frankreich, und zwar zum Ausbau des Atlantikwalles, vorgesehen seien. Ein Vorkommando würde schon in den nächsten Tagen dorthin in Marsch gesetzt werden. Ich mußte mich am Morgen des 21. Januar bei dem Stabsleiter der Gruppe, Oberstfeldmeister Weber melden, einem großen schweren Mann mit schwarzen Haaren und gebräuntem Gesicht mit Hängebacken. Weber machte immer, ohne daß es dazu eines besonderen Anlasses bedurfte, ein sehr ernstes. um nicht zu sagen finsteres Gesicht. Er war aber gleichwohl, wie sich in der Folge herausstellen sollte, ein durchaus angenehmer und korrekter Vorgesetzter. Weber hatte, bevor er zum Reichsarbeitsdienst ging, ein Studium als Diplom-Ingenieur für Tiefbau abgeschlossen. Gruppenadjudant war ein Oberfeldmeister Schläfer, für den ich auch gelegentlich schreiben mußte. Darüber hinaus gab es neben dem Gruppenführer, einem Arbeitsführer, noch den Gruppenarzt und den Gruppenverwalter. Nachdem Oberstfeldmeister Weber mich einiges, auch über meine berufliche Ausbildung und Tätigkeit, gefragt hatte, behielt er mich gleich da und diktierte mir einige Befehle an die nachgeordneten Abteilungen. Damit war für mich deutlich geworden, daß mein neuer Chef unter erheblichem Arbeitsdruck stand. Weber war als Stabsleiter der ständige Vertreter des Gruppenführers. Mein Chef stand vor der außerordentlich schwierigen Aufgabe dafür zu sorgen, daß die Gruppe mit ihren Abteilungen bereits zu Beginn des Monats März für einen Transport nach Frankreich bereit stehen sollte. Nach und nach bekamen auch die anderen Stabsstellen der Gruppe ihre Schreiber, so daß wir zuletzt zu viert waren. Willi Gerbig kam zu den Fernsprechern des Stabes, die ebenfalls im Stabsgebäude am Alsfelder Bahnhof ihren Sitz hatten. Meine Tätigkeit hatte jetzt weitgehend mit meinem erlernten Beruf zu tun, wobei der Schwerpunkt in der stenografischen Aufnahme von Diktaten des Stabsleiters bestand. Diese Diktate mußten dann kurzfristig ausgefertigt, d.h. mit der Schreibmaschine in Briefform gebracht werden. Eine Besonderheit des Tagesablaufes bestand darin, daß ich, da ich ja noch in der Abteilung schlief, auch mit den anderen Arbeitsmännern geweckt wurde und aufstehen mußte. Auf der anderen Seite gab es jedoch beim Stab, zumindest für mich, einen ziemlich späten Feierabend; oft erst weit nach Mitternacht. Dies hing damit zusammen, daß der Stabsleiter tagsüber meist bei den Abteilungen unterwegs war und erst am späten Abend diktierte; oft sogar erst nach Beendigung des abendlichen Filmes im Alsfelder Kino, den ich mir ansehen konnte. Es kam dann schon einmal vor, daß ich während des Diktates „einnickte", zumal Weber gelegentlich beim Diktieren einhielt um nachzudenken, oder etwas nachzuschlagen. Der Stabsleiter ist aber deshalb nie grob geworden. Er sagte eigentlich gar nichts, sondern rüttelte mich nur an der Schulter. Ich griff dann rasch zum Bleistift, um weiterzuschreiben. Sicherlich war meinem Chef auch bewußt, daß ich angesichts des auch für ihn erkennbaren langen Arbeitstages ein erhebliches Schlafdefizit hatte. Allerdings kam es auch nicht in Frage, daß die Gruppenschreiber morgens länger schlafen konnten.

Die bei der Gruppe tätigen Arbeitsmänner hatten aus unerfindlichen Gründen bei der Abteilung - von den Führern dort als „Gruppenhengste" bezeichnet - ohnehin keinen leichten Stand und wurden bei jeder sich bietenden Gelegenheit angebrüllt. Ich weiß noch, daß sich Willi Gerbig einmal wegen dieses Verhaltens der Führer unserer Abteilung, insbesondere aber wegen der ständigen Beschimpfung als „Gruppenhengste" durch Unterfeldmeister Nünchert, bei Stabsleiter Weber beschwerte. Aufgrund dieser Beschwerde mußte sich dann Unterfeldmeister Nünchert von unserer Abteilung beim Stabsleiter im Dienstanzug „zum Rapport" melden und wurde von Weber handfest zurecht gestaucht. Auf dem Weg von der Abteilung an der Grünberger Straße zum Stabsgebäude am Bahnhof oblag es mir, im Gasthaus „Zur Erholung", wo Weber wohnte, seine Langschäfter zu putzen und auf Hochglanz zu bringen. Damit begannen quasi meine dienstlichen Verrichtungen, wobei die Vormittage wegen der Abwesenheit des Stabsleiters ohnehin etwas ruhiger waren, als Nachmittage und Abende.

Abgesehen von der vielen Schreibarbeit verliefen meine Tage bei der Gruppe jetzt nach einem vorgegebenen Rhythmus und festem Programm: Nach dem Frühstück in der Abteilung und meinen Putzarbeiten für den Stabsleiter in der „Erholung" begann die Büroarbeit, die bis zur Mittagspause, in der das Essen in der Abteilung eingenommen wurde, dauerte. Nach der Mittagsruhe begann die Büroarbeit erneut und erstreckte sich bis zum Abendessen. Abends dann entweder Kinobesuch oder Lesen bis gegen 22 Uhr, dann Diktat beim Stabsleiter bis gegen Mitternacht. Die eigentümlich gedrückte Stimmung, sowohl in der Abteilung, als auch im Stab stand damals ganz unter dem Eindruck der Vernichtung der 6. Armee im Kessel von Stalingrad. Wenn ich heute diese Dinge noch einmal bedenke, so meine ich, daß sich damals schon, zumindest bei den meisten RAD-Führern innerhalb des Gruppenstabes, die Überzeugung durchsetzte, daß dieser Krieg von Deutschland nicht mehr gewonnen werden konnte.

Im übrigen war inzwischen die Ausbildung der Abteilungen und ihre Ausstattung bzw. Ausrüstung so weit fortgeschritten, daß am Montag, dem 1. März der Transport der gesamten RAD-Gruppe nach Frankreich erfolgen konnte. Damit hatte Oberstfeldmeister Weber die ihm vom Arbeitsgau in Kassel gesetzte Frist einhalten können. Am Tag vorher, am Sonntag, dem 28. Februar, fuhr ich „schwarz", d.h. ohne Urlaubsschein, von Alsfeld nach Wallenrod und ging von dort aus nach Hause, um noch einmal für einige Stunden bei meinen Eltern sein zu können. Dabei

Auf Sonntagsurlaub; Februar 1943

muß ich mich aber wohl auch mit meinen Alterska-
meraden getroffen haben, denn ein Foto zeigt mich
zusammen mit anderen Allmenröder Jungen auf der
Treppe vor der Gastwirtschaft Heinrich Schmelz
(Rockels). Da ich zu einem späteren Zeitpunkt nicht
mehr in RAD-Uniform zu Hause war, kann das Foto
nur bei diesem Aufenthalt in Allmenrod gemacht worden sein.

Am Atlantikwall

Unsere Verladung am Alsfelder Bahnhof in den dort
bereitstehenden Güterzug begann schon am frühen
Montagmorgen bei noch vorhandener Dunkelheit.
Der Zug wurde dann, nachdem alles was an Gepäck
und Ausrüstung dazu gehörte, zusammen mit uns in
den Waggons untergebracht worden war, über Fulda,
Frankfurt und Mainz nach Frankreich geleitet. Unsere Fahrt führte über Paris nach Cherbourg an der Ka-
nalküste. Wir waren, weil der Transport immer wieder
einmal auf ein Abstellgleis geschoben wurde, vier Tage unterwegs. Der Gruppenstab wurde unweit von
Cherbourg im „Chateau de Naquville", einem unmittelbar am Atlantik in einem wunderschönen Park gelegenen, alten französischem Schloß, untergebracht.
Das Büro des Stabsleiters befand sich ebenso wie die
übrigen Büroräume im Schloß. Zum Stab gehörte
auch ein „Fahrertrupp", d.h. RAD-Männer, die als
Kraftfahrer ausgebildet waren, und die Gruppen-
Krankenstube, letztere unter Leitung des Gruppenarz-
tes. Die Fahrer hatten den nunmehr zur Gruppe

gehörenden Bestand an Kraftfahrzeugen übernommen. Die Fahrzeuge waren eine Reihe von LKWs und der Wagen des Gruppenführers, ein PKW der Marke „Wanderer", ein schweres Fahrzeug, das in der Folge vom „Cheffahrer" mit geradezu virtuoser Meisterschaft gefahren wurde. Nach Cherbourg waren wir richtiggehend in den Frühling gekommen. Die Witterungsgegebenheiten waren so, wie man sie im Vogelsberg erst im April / Mai antrifft: In dem zum Schloß gehörenden Park war schon vieles grün und die Blumen blühten. In besonderer Erinnerung ist mir ein unweit vom Schloß im Park munter daher fließender Bach, der vom Binnenland her kommend seinen Weg in das Meer suchte. An diesem Bach wuschen wir uns am frühen Morgen; eine Wasserleitung war nicht vorhanden. Das Schloß war noch komplett ausgestattet, wenn auch die altehrwürdigen Möbel schon recht strapaziert und teilweise zerschlissen waren. Schreiber und Fernsprecher waren in den Dienstbotenkammern unmittelbar unter dem Dach untergebracht, in denen auch die Fledermäuse ihr Domizil hatten.

Der Stab in seiner Gesamtheit gliederte sich in drei Bereiche: Zum ersten den engeren Stab mit den Schreibern und Fernsprechern, zum zweiten in den schon erwähnten Kraftfahrertrupp und schließlich in die sogenannte „Krankenstube" mit der dazu gehörigen Gruppenküche. Die wegen verschiedenster Unfallfolgen und Erkrankungen in der Krankenstube stationär behandelten Arbeitsmänner wurden von dem bereits erwähnten Gruppenarzt, einem Arbeitsarzt und einem sogenannten „Heilgehilfen", einem Unterfeldmeister, betreut. Die zur Gruppe gehörenden sechs Abteilungen waren in RAD-Baracken entlang der Küste auf einen Bereich von ca 12 Km verteilt. Sie waren zur Verbesserung der Abwehranlagen des „Atlantikwalles" eingesetzt. Von letzterem war allerdings, wenn man einmal von den im unmittelbaren Festungsbereich von Cherbourg ortsfest eingebauten schweren Schiffsgeschützen der Marineartillerie-Batterie „York" absah, nicht viel zu sehen. Für diese Geschütze waren von der Organisation Todt in den Felsen oberhalb der Stadt Betonbunker errichtet worden, die einen recht soliden Eindruck machten. Ein wesentlicher Grund für die Zuweisung eines verhältnismäßig breiten Unterbringungsabschnittes an der Küste war die Tatsache, daß den RAD-Abteilungen neben ihrem Arbeitseinsatz auch die Verteidigung ihres Strandbereiches gegen evtl. Landeversuche von feindlichen Truppen oblag. Im Arbeitseinsatz, der sich auf täglich acht Stunden erstreckte, mußten die Arbeitsmänner hauptsächlich die sogenannten „Tobruk-Stände" bauen; diese Anlagen hatten ihren Namen nach Feldbefestigungen erhalten, wie sie der damalige Oberkommandierende der deutschen Streitkräfte am Atlantikwall, Generalfeldmarschall Erwin Rommel, im Afrikafeldzug zur „Zernierung" der Festung Tobruk anlegen ließ.

Der Tageslauf der nunmehr „im Einsatz" befindlichen Gruppe gestaltete sich, nachdem die neuen Eindrücke nicht mehr so neu waren, recht eintönig. Dies ist mein Eindruck, der sich natürlich nur auf die Situation des Gruppenstabes beziehen kann. Ich könnte mir vorstellen, daß sich die Dinge aus der Sicht der am Atlantikwall eingesetzten Arbeitsmänner etwas anders darstellten. Einige Male war ich inzwischen auch in Cherbourg gewesen. Teils in der Freizeit im „Stadturlaub", teils auch dienstlich in Vertretung unserer Postordonanz. Dann fuhr ich mit dem Fahrrad zu dem im Stadtinneren gelegenen Feldpostamt und als zweite Anlaufstelle zu dem außerhalb der Stadt in einem westlichen Vorort gelegenen Gefechtsstand des Kampfkommandanten.

Cherbourg war zu dieser Zeit praktisch ohne nennenswerte Gebäudeschäden. Für meinen schmalen Geldbeutel - Tageslöhnung 1 RM - gab es wenig zu kaufen. Bistros und Cafés waren allerdings in reicher Zahl vorhanden und ein Gläschen Rotwein oder eine Tasse Kaffee konnte man überall erhalten. Die Innenstadt von Cherbourg beeindruckte mich als Provinzler durch die Gesamtheit der vielen alten Gebäude sehr. Der Hafenbetrieb war weitgehend zum Erliegen gekommen; außer einigen kleineren Booten, die im Hafenverkehr und möglicherweise auch zum Fischfang eingesetzt waren, sah man vor allem kleinere Schiffseinheiten unserer Kriegsmarine, insbesondere Schnellboote und Räumboote.

Die Abende im Schloß bzw. im Schloßpark verbrachten wir meist gruppenweise mit Spazierengehen und Singen. Schlager der Saison waren „Einst lagen wir vor Tampico" und „Heimat deine Sterne"; dieses Lied wurde vor allem von Kamerad Willi Gerbig mit viel Gefühl und mit klarer voller Stimme gesungen. Gelegentlich hatten wir auch die Möglichkeit, Filmvorführungen oder Auftritte von Soldatenbühnen in der nahe gelegenen Batterie York zu besuchen. Auffällig war für mich, daß sich die Angehörigen des Kraftfahrertrupps, die mehrheitlich aus Nordrhein-Westfalen stammten, von uns, den übrigen Stabsangehörigen, eher etwas absonderten und unter sich blieben. Erst im Laufe der Zeit verdichtete sich bei mir der Eindruck, daß diese Arbeitsmänner, die meist aus der Motor-HJ kamen und in aller Regel aus bürgerlichen bzw. großbürgerlichen Elternhäusern stammten, sich im Hinblick auf uns Oberhessen für etwas besseres hielten. Das hatte sicherlich in erster Linie mit ihrer Schulbildung zu tun - es waren meist Oberschüler - möglicherweise aber auch mit ihrer vermeintlich besseren Herkunft aus den bereits erwähnten großbürgerlichen Familien. So fiel mir beispielsweise bei der Entgegennahme der Briefe, die die Kraftfahrer nach Hause schrieben, auf, daß sie meist oberhalb des Namens die Abkürzung „I.H." setzten, „Ihre Hochwohlgeboren". Auffällig war bei ihnen auch, daß sie sich in ihrem persönlichen Verhalten, angefangen von der körperlichen Sauberkeit bis hin zur Uniform, mehr hängen ließen als wir Oberhessen. Sie wirkten von daher auf mich immer etwas ungepflegt, um nicht zu sagen „schmuddelig".

In der ersten Maihälfte gab es im Stab einen personellen Wechsel von dem ich unmittelbar betroffen wurde: Der seitherige Stabsleiter Weber, der vorher noch zum Arbeitsführer befördert worden war, verließ den Gruppenstab, um die Führung einer anderen, ebenfalls am Atlantikwall eingesetzten RAD-Gruppe

zu übernehmen. Sein Nachfolger wurde ein Oberstfeldmeister namens Lienert, der ein Stotterer war. Lienert, ein Mann von sicherlich gut 1,90 m ging immer
etwas eingeknickt. Sein schütteres graublondes
Haar kämmte er in Strähnen sorgfältig über seinen im vorderen Bereich schon weitgehend kahl

Im Park des Chateau Naquville; Mai 1943,
ganz rechts der Verfasser

gewordenen Kopf, um so seine Blöße zu ver-
decken. Die Mundwinkel hingen ihm beiderseits
immer etwas nach unten, so daß er schon vom
Äußeren her einen irgendwie traurigen, vergräm-
ten Eindruck machte. Dazu kam seine leicht
krähende Stimme, die sich bei Erregungszustän-
den schnell überschlug. Beruflich, bzw. fachlich
war er ansonsten - Diplomingenieur wie sein Vor-

gänger - voll im Bilde. Er hätte seinen Sprach-
fehler sicherlich ganz gut verbergen können,
denn normalerweise bemerkte man diesen, abgesehen von einem leichten Anstoßen beim Sprechen, gar nicht. Sein Problem trat immer dann
zutage, wenn er aufgeregt wurde, weil er dann
den Anfang des Wortes, das er gerade verwenden
wollte, einfach nicht herausbrachte. So ließ er
beispielsweise an einem Nachmittag nach
Dienstschluß eine Anzahl Arbeitsmänner, die für
seine Begriffe bei ihrer Freizeitbeschäftigung,
d.h. beim Fußballspielen, zu laut waren, antreten
und gab dann das Kommando: „Ganze Abteilung,
zum Strand marsch, marsch!" Als wir nun zum
Strand trabten und er den Haltebefehl geben
wollte, weil wir ja nicht ins Wasser laufen sollten,
kam er beim Ankündigungskommando „Ganze
Abteilung", das er dann mit dem Ausführungs-
kommando „halt" fortsetzen wollte, über das
„gggge" nicht in hinaus. In seiner Verzweiflung
rief er dann einfach „Stehenbleiben!" und erziel-
te damit das von ihm angestrebte Ergebnis. Zu
seiner Rechtfertigung sagte er danach: „Die Ker-
ls wären doch glatt ins Wasser gesprungen".
    Ähnliche Probleme traten auch dann zutage, wenn
er der Eilbedürftigkeit halber davon absah, mich oder
einen Fernsprecher mit der Herstellung einer von ihm
gewünschten Fernsprechverbindung zu beauftragen,
sondern dies selbst in die Hand nahm. „Denen werde

ich mal Beine machen". Die Fernsprechverbindungen zu dem gewünschten Partner wurden in der Weise hergestellt, daß man sich als Anrufer von Vermittlung zu Vermittlung, die jeweils Decknamen hatten, weiterverbinden ließ. Bei diesem Vorgehen brauchte der Stabsleiter die Vermittlung mit dem Decknamen „Reiter". In seiner Aufregung war es ihm schlechterdings unmöglich das Wort „Reiter" auszusprechen. Er kam über das „RRRRR" nicht hinaus. Aus lauter Verzweiflung brüllte er schließlich in den Apparat: „Verdammt noch mal, Mann mit Pferd". Oder bei anderer Gelegenheit, als er die Zahl „hundert" nicht herausbrachte: „Hi - Hi - Himmeldonnerwetter, neunundneunzig und eins". Als letzte Episode solcher Art sei hier noch die Verabschiedung des zuständigen Generalarbeitsführers erwähnt, der die Gruppe besichtigt hatte. Er wollte melden „Heil Hitler Generalarbeitsführer" und blieb beim „fffff" im Generalarbeitsführer stecken. Als er immer noch mit dem „ffff" kämpfte und der Generalarbeitsführer die auch für ihn eher etwas peinliche Szene dadurch abkürzte, daß er einfach wegging, endete die Meldung des Stabsleiters mit der Feststellung: „ffffffort ist er".

Im gleichen Monat erfolgte nachts eine Alarmierung des gesamten Verteidigungsabschnittes Cherbourg und damit auch unserer Gruppe. Für diesen Fall war Gefechtsbereitschaft herzustellen und der Einsatzbefehl herauszuholen, der als „Geheime Kommandosache" im Panzerschrank lag und die Weisungen für die in diesem Falle vorzunehmenden weiteren Maßnahmen der Gruppe beinhaltete. Die Arbeitsmänner des

Gruppenstabes besetzten ebenso wie die Arbeitsmänner der Abteilungen ihre vorgesehenen Stellungen. Schließlich waren. der Stabsleiter und ich noch übrig. Daraufhin sein Kommentar: „Georg, wir beide bleiben erst einmal hier, wir brauchen ja schließlich nicht alle auf einmal in AAA........ zu gehen". Es stellte sich dann bald heraus, daß es sich um einen blinden Alarm gehandelt hatte und die Arbeitsmänner konnten wieder ihre Unterkünfte beziehen. Ich habe übrigens zu dem Nachfolger nicht mehr ein gleich gutes - wie ich meine von gegenseitigem Vertrauen geprägtes - Verhältnis gefunden wie zu Stabsleiter Weber. Oberfeldmeister Lienert war immer griesgrämig und nörglerisch eingestellt; es war sehr schwierig, ihm etwas recht zu machen.

Georg Gerbig, der Vater von Willi Gerbig, befand sich damals bei der OT (Organisation Todt) und war auch am Atlantikwall, allerdings weiter südlich, als Bauarbeiter eingesetzt. Gegen Ende Mai fand er die Möglichkeit, seinen Sohn in Cherbourg zu besuchen. Vater Gerbig war ein ausgesprochen gutmütiger und netter Mann, der immer lächelte. Willi und ich wurden von ihm zu einem opulenten Essen in eine Cherbourger Gaststätte eingeladen, in der wir (Marken hatte der Senior mitgebracht) vorzüglich speisten und tüchtig Rotwein tranken. Vater Gerbig erzählte von seinen Erlebnissen bei der OT und berichtete über ständige Fliegerangriffe auf seine Einsatzstelle.

Im Frühsommer kam Heinrich Schrimpf zur stationären ärztlichen Behandlung in die Krankenstube bei der Gruppe. Er hatte mit einer Ischialgie zu tun.

Wir konnten uns nach Dienstschluß öfters treffen und verabredeten dabei, daß ich ihn demnächst einmal an einem dienstfreien Wochenende an seinem Abteilungsstandort besuchen sollte. Gesagt getan. Nach der Gesundung von Heinrich fuhr ich mit dem Dienstfahrrad an einem recht nebligen dienstfreien Samstagmorgen los, um ihn an seinem Abteilungsstandort zu besuchen. Um das Folgende besser verständlich zu machen, muß ich anmerken, daß die in Frankreich hergestellten Räder keinen Rücktritt besaßen. Vielmehr waren links und rechts am Lenker Handbremsen angebracht, wobei die linke Handbremse auf das Hinterrad und die rechte Handbremse auf das Vorderrad wirkte. Als ich nun bei dem schon erwähnten recht nebligen Wetter auf der längs des Strandes führenden Straße fuhr, stellte ich nach Überfahren einer kleinen Anhöhe plötzlich fest, daß die die hier außerordentlich abschüssige Straße in der Talsenke durch einen Stacheldrahtverhau unterbrochen, bzw. gesperrt war. Offenbar hatte ich das vorher auf die Sperrung hinweisende Verkehrsschild übersehen. Zu dem Zeitpunkt, als ich die Sperre erblickte, fuhr ich mit nicht unerheblicher Geschwindigkeit bergabwärts auf das Hindernis zu. Ich mußte also, um nicht aufzufahren, im letzten Augenblick eine Vollbremsung vornehmen. Dabei habe ich versehentlicherweise die rechte Handbremse, also die Vorderradbremse, zu stark betätigt, so daß das Vorderrad blockierte und ich kopfüber vom Rad über das Drahthindernis hinweg flog und in dem verminten Sperrbereich hinter dem Hindernis zu liegen kam. Mir war, abgesehen von einigen Prellungen,

Hautabschürfungen und mehreren Rissen an Hose und Uniformjacke, weiter nichts passiert. Vor allem war keine Mine hochgegangen. Erschrocken war ich aber doch. Ich bin dann mit einiger Mühe über das Drahthindernis zurückgeklettert und wieder zurück zu unserem Schloß gefahren, weil ich meine Blessuren nicht gerne zur Schau stellen wollte. Was die Schäden an der Uniform anbelangte, so war dies nicht weiter schlimm; ich bekam vom Kammertruppführer eine neue Uniform verpaßt. Das Fahrrad war unbeschädigt geblieben.

Die Zeit unseres Frankreichaufenthaltes, die mir zunächst „ewig" vorkam, ging dann doch relativ rasch vorüber. In der zweiten Junihälfte begannen beim Stab schon wieder die organisatorischen Vorbereitungen für die Rückführung der Abteilungen in das Reich. Im Laufe des Frühsommers stellten wir übrigens eine deutliche Verstärkung des Luftkrieges fest. Sowohl am Tag als auch vor allem in der Nacht flogen in großer Höhe Bomberverbände über Cherbourg nach Deutschland. Wir blieben jedoch an unserem Standort von diesen Angriffen unbehelligt. Bis zu unserer Rückverlegung nach Deutschland, etwa Mitte Juli 1943, haben wir unter Einschluß des Bahntransportes keine Fliegerangriffe erlebt.

Nach unserer Wiederankunft in Alsfeld blieben wir nur noch einige Tage beim RAD. Unsere Unterkunft für die letzte Woche war übrigens nicht mehr bei der Abteilung 4/223, sondern bei der Abteilung 5/223. Diese hatte unten im Tale unweit der Autobahn ihren Standort. Die letzten beiden Tage feierten wir

ausgiebig - was man damals so feiern nannte - bei
Dünnbier und Einheitsbrause in den verschiedenen
Alsfelder Gaststätten. Überall, soweit vorhanden, leg-
ten wir die Platte „Alte Kameraden" auf; es war unser
Marsch des Jahres 1943. Am 24. Juli 1943 wurden wir
vom RAD entlassen.

Zwischen RAD und Wehrmacht

Schon am Montag, dem 26. Juli nahm ich meine
Tätigkeit beim Landratsamt wieder auf; meine Einberufung zur Wehrmacht lag noch nicht vor. Als ich mit
meinem Fahrrad nach halbjähriger Unterbrechung
wieder zu meiner Arbeit nach Lauterbach fuhr, ging
mir durch den Sinn, wie alles vor nunmehr vier Jahren begonnen hatte:

Eigentlich stand bis zum Ende meiner Schulzeit
fest, daß ich den Schuhmacherberuf erlernen sollte, so
wie dies bereits mein Vater, mein Großvater und mein
Urgroßvater väterlicherseits getan hatten. Dabei würde ich zugleich die kleine, elterliche Landwirtschaft
fortführen. Ich muß gestehen, daß mich diese beruflichen Zukunftsaussichten nicht eben begeisterten.
Dies hing damit zusammen, daß ich wegen meiner
unfallbedingten Erblindung auf meinem rechten Auge, um das verbliebene linke Auge nicht zu gefährden,
von den landwirtschaftlichen Tätigkeiten, insbesondere was dem Umgang mit unseren Kühen anbelangte, von meinen Eltern und meinem Großvater immer

zurückgehalten wurde. Dadurch war ich schon in meiner Kindheit viel zum Lesen gekommen und hatte zu den manuellen Tätigkeiten so kein rechtes Verhältnis. Ich hatte, wie mein Vater oftmals bemerkte „zwei linke Hände". Kurz und gut, als zum Jahresbeginn 1939 vom Arbeitsamt Karteikarten an die Schulen verschickt wurden, in welche die Schulabgänger ihre Berufswünsche eintragen sollten, schrieb ich als Berufswunsch auf die Karteikarte: „Kaufmännische oder Bürotätigkeit". Von dieser karteimässigen Erfassung der Berufswünsche der Schulabgänger durch die Arbeitsverwaltung hörte man jedoch in der Folge nichts mehr, so daß ich gar nicht damit rechnete, daß diese Befragungsaktion irgendwelche Folgerungen haben könnte. Mein Vater, dem ich von der Ausfüllung der Karteikarte des Arbeitsamtes auch gar nichts gesagt hatte, nahm deshalb mit dem Obermeister der Schuhmacherinnung in Lauterbach, dem Lauterbacher Schuhmachermeister Karl Dahmer, der mich schon kannte, Kontakt auf und verabredete mit diesem, daß ich bei ihm eine Schuhmacherlehre antreten sollte.

In der Woche nach Ostern - ich war inzwischen aus der Volksschule in Allmenrod entlassen worden - war ich zusammen mit meinem Vater und meinem Großvater auf unserem im Gemarkungsteil „Lauterecke" gelegenen Acker mit der Aussaat von Hafer beschäftigt. Ich führte meinem Vater unser Kuhgespann mit dem er eggte, während der Großvater das Säen des Hafers mit der Hand vornahm. Das Säen, daran erinnere ich mich noch gut, begann der Großvater mit einem kurzen Gebet: „Gott walte es, Jesus walte es,

Amen." Nach einiger Zeit kam meine Mutter zu uns,
die uns das Frühstück brachte (in der linken Hand die
in ein Tuch eingebundene Kaffeekanne und in der
rechten Hand den Frühstückskorb). Im Frühstückskorb lag oben auf eine an mich gerichtete Benach-
richtigung des Arbeitsamtes Lauterbach, mit der ich
aufgefordert wurde, mich entweder beim Landratsamt
als Bewerber für eine Stelle als Verwaltungslehrling,
oder bei der Fa. F.W. Möller, Lauterbach, als Bewerber für eine kaufmännische Lehrstelle vorzustellen.
Mein Vater war zwar erstaunt, daß ich vom Arbeitsamt nicht in Richtung Schuhmacherlehre vermittelt
worden war, sondern in Richtung Bürotätigkeit. Es
bestand aber doch gleich Einigkeit innerhalb der Familie, daß ich mich auf alle Fälle am nächsten Tag
einmal beim Landratsamt vorstellen sollte. Ich dräng-
te jedoch darauf, daß dies schon am gleichen Tage geschehen müßte, und nachdem wir unsere Arbeiten in
der Lauterecke beendet und unser Gespann nach Hause gebracht hatten, fuhren mein Vater und ich per
Fahrrad nach Lauterbach zum Landratsamt. Man verwies uns dort an den geschäftsführenden Inspektor
des Amtes, einen Herrn Alles, der mit den Personal-
angelegenheiten zu tun habe. Von ihm erfuhren wir
allerdings, daß die infrage stehende Stelle bereits am
Vormittag besetzt worden sei. Mein späterer Kollege
Fritz Eichenauer aus Angersbach war bereits vor mir
dagewesen und hatte auch gleich eine Zusage erhalten. Der Beamte sagte aber gleich dazu, er wolle unbeschadet der bereits vorgenommenen Einstellung
nochmals mit dem Landrat sprechen, da im Hinblick

auf zu erwartende Einberufungen zweier junger Mitarbeiter des Amtes möglicherweise noch eine weitere Lehrlingsstelle eingerichtet und besetzt werden könnte. Das Gespräch des Büroleiters mit dem Landrat führte offenbar zu einem für mich positiven Ergebnis. Mein Vater und ich wurden in das Büro von Landrat Bonhard gerufen und ich brachte bei ihm mein Anliegen vor. Landrat Bonhard war ein schwergewichtiger Mann in „Knickerbockerhosen" - ich habe ihn nur in solchen gesehen - der aus Rheinhessen stammte. Wenn ich mich recht erinnere, war seine Heimatstadt Worms. Er sprach die breite, irgendwie gemütliche, rheinhessische Mundart. Als er mich aufforderte, ihm mein Schulentlassungszeugnis zu zeigen, schauten mein Vater und ich uns erschrocken an. Ich hatte zwar mein Zeugnis mitgenommen, dieses befand sich jedoch in der Aktentasche meines Vaters und diese wiederum hing an seinem im Hof des Landratsamtes abgestellten Fahrrad. Ich holte die Aktentasche herein und gab Landrat Bonhard mein Schulentlassungszeugnis zu lesen. Ich hatte in den Leistungsfächern nur eine drei - ausgerechnet in „Schönschreiben". Der Landrat meinte daraufhin in der ihm eigenen rheinhessischen Aussprache: „Na ja, da kann er ja Beamter werrn, die schreiwe ja all so schlecht". Damit war die Entscheidung gefallen und schon am darauf folgenden Montag, dem 17. April 1939 begann ich meine Lehrzeit bei der Kreisverwaltung in Lauterbach. Ende März 1942 legte ich nach vorherigem vierteljährigen Besuch des Lehrabschlußseminars bei der Verwaltungsschule in Gießen meine Anwärterprüfung ab.

Worauf ich besonders stolz war: Ich hatte mit der Prü-
fungsnote 2 „gut" bestanden. Es war die beste Note,
die bei der Prüfung verliehen wurde und da von den
etwa dreissig Teilnehmern des Seminars nur etwa ein
Viertel, so wie ich, Volksabschluß hatten, - die übrigen hatten endweder die Handelsschule besucht oder
das „Einjährige" (Mittelschulabschluß) einige auch
das Abitur - freute es mich schon, daß ich zu den vier
Prüflingen mit der besten Note gehörte. Die bestande-
ne Prüfung gab auch den Anlaß dafür, daß ich mit
Landrat Bonhard noch einmal in eigener Sache zu tun
hatte. Nach meiner Übernahme in das Angestelltenverhältnis ging es um die Frage der Einstufung nach
der TOA. Die TOA (Tarifordnung für Angestellte im
öffentlichen Dienst) war die Vorgängerin des heute
maßgeblichen BAT (Bundesangestellten - Tarif). Ich
weiß nicht mehr wer von uns Vieren im Frühjahr 1942
aus der Lehre in das Angestelltenverhältnis übernom-
menen jungen Leuten die Information mitbrachte, wir
seien nicht korrekt eingestuft und müßten eigentlich
eine Gruppe höher bezahlt werden. Ich denke, daß es
der Kollege Willi Schmidt aus Ilbeshausen war, der
seine Prüfung in Frankfurt/M. abgelegt hatte. Ich
weiß auch nicht mehr in welche Gruppe wir seinerzeit
übernommen wurden. Da die TOA, wenn ich mich
recht erinnere, 10 Gruppen umfasste und die letzte
Gruppe, die Gruppe X den Angestellten ohne Ausbildung vorbehalten blieb, wird es wohl die Gruppe IX
gewesen sein. Im Ergebnis ging es also um eine
Höherstufung von TOA IX nach TOA VIII. Es handelte sich um einen Unterschiedsbetrag von monat-

lich etwa 25 RM. Nun ist es ja gut vorstellbar, daß, wenn es um mehr Geld geht, den Betroffenen die Argumentation für eine Vergütungsverbesserung immer leicht zu vermitteln ist. So war es auch bei uns vier jungen Männern, zu denen neben dem bereits erwähnten Willi Schmidt und mir noch Fritz Eichenauer und Willi Gerbig gehörten. Es wurde jedenfalls einstimmig beschlossen, in dieser Angelegenheit den büroleitenden Beamten der Kreisverwaltung, Regierungsinspektor Alles, aufzusuchen, um diesem unser Anliegen vorzutragen. Inspektor Alles nahm unsere Bitte um Überprüfung unserer Eingruppierung eher stirnrunzelnd zur Kenntnis, allerdings - wie es so seine Art war - ohne sich festzulegen und auch ohne sich konkret dagegen auszusprechen. Er beschloß unsere dieserhalb mit ihm geführte Unterhaltung mit dem Hinweis, wir könnten ja einmal den Landrat aufsuchen, um diesem unser Anliegen vorzutragen. Auch diesen zweiten Schritt wollten wir gemeinsam tun. An einem Frühsommertag des Jahres 1942 machten wir vier uns auf, um Landrat Bonhard in seinem Dienstzimmer aufzusuchen. Ich hatte diesen geheiligten Raum nach dem von mir bereits geschilderten Einstellungsgespräch eigentlich nur noch betreten, wenn ich für den Landrat entweder Zigaretten holen mußte (Senoussi, 25 Stück in einer Blechdose), oder wenn ich am Monatsanfang von ihm einen Scheck in die Hand gedrückt bekam, um bei der benachbarten Sparkasse sein Gehalt (etwa 600 RM netto) in bar abzuholen. An diesem Tag schoben wir vier uns nun, nicht frei von Hemmungen und uns gegenseitig Deckung verschaffend, durch die geöffnete gepolsterte Tür in das „Allerheiligste". Ich weiß nicht mehr, wie es dazu kam, jedenfalls befand ich mich mit einem mal im Vordergrund unserer kleinen Gruppe, während die restlichen Kollegen hinter mir Schutz suchten. Es war auch nicht abgesprochen worden, wer unser Petitum vortragen sollte. Nur, als wir schließlich im Zimmer standen, und zackig mit „Heil Hitler" gegrüßt hatten, wurde ich von hinten kräftig angestoßen, was offenbar unausgesprochen die Aufforderung zum Reden bedeuten sollte. Ich begann also eher zögernd mit der Anrede: „Herr Landrat", als Landrat Bonhard sich in seiner ganzen Größe aus seinem Schreibtischsessel erhob und meine beabsichtigten Ausführungen mit nur einem Wort beendete. Ich merkte ganz erschrocken , daß der Landrat, noch im Aufstehen begriffen, unversehens einen hochroten Kopf bekommen hatte. Nun schrie er, so laut er überhaupt schreien konnte, „Hinaus!" Um es präzise zu sagen: Er schrie nicht das hochdeutsche „Hinaus", sondern in seiner rheinhessisschen Mundart „Enaus". Im Moment war ich so konsterniert, daß ich mich wahrscheinlich gar nicht schnell genug herumdrehen konnte, um der Aufforderung des Landrats Folge zu leisten. Meine Mitstreiter hatten bereits fluchtartig das Weite gesucht. Jedenfalls stellte ich fest, nachdem ich mich umgedreht hatte, daß ich mich allein im Zimmer befand. Das war also das zweite von mir in eigener Sache mit Landrat Bonhard geführte Gespräch, wobei letzteres doch ausserordentlich kurz war und auch eher etwas einseitig verlief.

Nun zurück zu meiner Tätigkeit im Landratsamt, Abteilung Bezirksfürsorgestelle. Hier ging es vor allem darum, den Schwerkriegsbeschädigten der ersten Kriegsjahre, die inzwischen als „a.v" (arbeitsverwendungsfähig / nicht mehr kriegsverwendungsfähig) aus der Wehrmacht entlassen worden waren, mit oder ohne Umschulung, zu einer Arbeitsstelle zu verhelfen. Schon seit dem Ende des ersten Weltkrieges gab es das sogenannte „Schwerbeschädigtengesetz", das Betriebe von einer bestimmten Mindestgröße an verpflichtete, Schwerbeschädigte einzustellen.

Mit meinem Allmenröder Freundeskreis, wie wir ihn vor meiner Einberufung zum Arbeitsdienst hatten, war allerdings nicht mehr viel los. Ältere und Gleichaltrige waren inzwischen zur Wehrmacht eingezogen worden; die Jüngeren waren beim Reichsarbeitsdienst oder in Wehrertüchtigungslagern der Hitlerjugend. So war das, was man in Allmenrod und sicherlich auch in den anderen Vogelsbergdörfern die „Gesellschaft" nannte - ein zwangloser Zusammenschluß der ledigen Jungen und Mädchen - auseinandergebrochen. Ansonsten ist mir diese Zeit der August- und Septemberwochen des Jahres 1943 wie ein langer Sommertag, mit viel Sonne und einem nahezu immer klaren Himmel im Gedächtnis geblieben. Es war so, als wenn mir unser Herrgott zumindest das Wetter während der relativ kurzen Zeit zwischen RAD-Entlassung und Einberufung zur Wehrmacht möglichst angenehm gestalten wollte.

Tatsächlich blieb mir auch nicht mehr viel Zeit für das Genießen der letzten Sommerwochen des Jahres

1943 und für meine Arbeit am behördlichen Schreib-
tisch. In der zweiten Septemberhälfte erhielt ich meine Einberufung zur Wehrmacht. Bei Landrat Bonhard
konnte ich mich nicht abmelden. Er befand sich
außerhalb Lauterbachs in Urlaub. Ich sollte ihn nicht
wiedersehen. Landrat Bonhard, den ich unbeschadet
des vorstehend geschilderten abrupten Abbruches unserer Unterredung im Sommer 1943 immer sehr ge-
schätzt habe, ist im Herbst 1945 in einem amerikanischen Internierunglager verstorben. (Er fiel als Landrat unter den sogenannten „automatischen Arrest" der
Militärregierung.)

Wehrmacht

Ausbildung in Hofgeismar

Mein „Gestellungsbefehl" lautete auf die „Sanitäts-
Ersatz- und Ausbildungsabteilung 9" in Hofgeismar .
Ich mußte mich am 28. September 1943 dort einfinden. Als ich mich an diesem Tage zusammen mit meinem Vater per Fahrrad auf den Weg machte, um am
Wallenröder Bahnhof den ersten Zug des Tages zu erreichen, fuhren wir beide in einen kalten und nebligen
Morgen hinein. Unmittelbar vor Sickendorf „Unter
den Eichen" griff ich in meine Jackentasche und stellte fest, daß ich meinen Wehrpaß zu Hause gelassen
hatte. Ich fuhr rasch zurück und holte mir dieses für
die damaligen Verhältnisse außerordentlich wichtige

Schriftstück, das im Wohnzimmer auf dem Tisch liegen geblieben war. Alsbald holte ich meinen Vater noch ein, der langsam weitergefahren war. Über Fulda und Kassel führte mich die Zugfahrt nach Hofgeismar. Am frühen Nachmittag ging ich zusammen mit anderen Einberufenen zur Kaserne. Es war die am Rande des Städtchens gelegene sogenannte „Dragonerkaserne", in der die Sanitäts- Ersatzabteilung untergebracht war. Als erstes fiel mir auf, daß es sich bei den Einberufenen nahezu ausschließlich um „ältere Jahrgänge" handelte. Am gleichen Tage wurden wir noch eingekleidet und in Gruppen aufgeteilt. Ich kam zur ersten Gruppe, das waren die Größten der Kompanie. Zur 12. Gruppe kamen dann der Größe nach unten abgestuft, die Kleinsten, der sogenannte „Waffelbruch". In meiner zwölf Mann starken Gruppe war neben mir nur noch ein junger Mann, der wie ich dem Jahrgang 1925 angehörte: Heinrich Becker aus Bad Orb, von Beruf Buchdrucker, ein ruhiger und freundlicher Junge, der meist still vor sich hin lächelte. Die anderen Kameraden waren durch die Bank hindurch älter; meist Angehörige der Jahrgänge 1904 bis 1908. Ihre verspätete Einberufung hing damit zusammen, daß sie bis dahin teils als Arbeitnehmer in kriegswichtigen Betrieben „uk" (unabkömmlich) gestellt waren, oder einen körperlichen Mangel aufwiesen: Glasauge, magenkrank, Herzbeschwerden usw. In guter Erinnerung ist mir noch der Kamerad Keiner aus Aßlar bei Wetzlar; er hatte ein Glasauge. Er war mein „Untermann" in der Bettenkonfiguration, d.h. er hatte das Bett unter mir. Keiner war ein ruhiger, etwas

in sich gekehrter Mann, ein Kamerad auf den man
sich absolut verlassen konnte.

Unsere Ausbildung, die am nächsten Morgen begann, war gediegen, aber längst nicht so „schikanös"
wie wir dies beim Arbeitsdienst erlebt hatten. Dabei
mag das Alter der auszubildenden Soldaten sicherlich
eine Rolle gespielt haben. Vielleicht war es auch einfach das vernunftgemäße Vorgehen der Ausbilder, um
so möglichst bald zu einem akzeptablen Ausbildungs-
ergebnis zu kommen.

Stubenältester und stellvertretender Gruppenführer war ein jüngerer Obergefreiter, etwa Mitte der
Zwanzig, mit Fronterfahrung. Unser Gruppenführer,
ein Unteroffizier, war ein schon etwas älterer katholischer Geistlicher. Ein sehr vernünftiger und liebens-
würdiger Mann, der uns im Dienst durchaus gerecht
behandelte. Von daher gab es gegenüber der RAD-
Ausbildung eher positive Erfahrungen. Daß dies auch
anders sein konnte, wurde uns verdeutlicht durch das
Ausbildungsgeschehen bei der 2. Gruppe mit ihrem
Gruppenführer, dem Unteroffizier L. Dieser konnte
sich im Anschreien der Rekruten, pausenloser „Bewe-
gungsverschaffung" und sonstigem vielfältiges Schi-
kanieren der ihm anvertrauten Soldaten gar nicht genug tun. Sein Brüllen schallte immer laut über den
Exerzierplatz vor der Kaserne. Da unsere Stuben, d.h.
die Unterkünfte der 2. und der 1. Gruppe, zu der ich
gehörte, unmittelbar nebeneinander lagen, blieb es
nicht aus, daß Unteroffizier L. und ich uns auch bald
persönlich „kennenlernten". Zweifellos war die Ab-
neigung gegenseitig. Das erste Mal bekam ich mit

ihm zu tun, als dieser in seiner Eigenschaft als UvD
(Unteroffizier vom Dienst) am späten Abend seinen
Stubendurchgang machte und ich „Stubendienst" hatte. Damit oblag mir die Verantwortung dafür, daß sich
alle Boden- und Wandflächen unserer Stube und
ebenso das Mobiliar, Betten, Spinde, Tisch und Sche-
mel in sauberem Zustand befanden. L., dem ich offenbar schon früher, wie er sich ausdrückte, „aufgefallen" war, benutzte die Gelegenheit, um mich „fertig zu machen", wie dies im damaligen Landserjargon
hieß. Der Unteroffizier wurde beim Stubendurchgang
fündig. Er fand Staub, auch da, wo keiner war.
Zunächst mußte ich „pumpen", d.h. am laufenden
Band Liegestützen machen. Dann scheuchte er die
ganze Stubenbelegsachaft, und schließlich wurde ich
dem Spieß gemeldet, was zur Folge hatte, daß für
mich der Ausgang für das nächste Wochenende ent-
fiel. Ein zweites Mal geriet ich in die Fänge von Unteroffizier L, als er beim Geländedienst unseren Zugführer vertrat. Weil ich, wie er meinte, nicht richtig
„mit machte", machte L. mit mir Einzelübungen im
Gelände, während das Programm des Zuges unter
dem Kommando eines anderen Unteroffiziers weiter-
lief. Befehle, wie „Hinlegen", „Aufstehen" und „Rob-
ben" „auf meine Höhe vorarbeiten" usw. folgten ha-
geldicht, und zwar so lange, bis ich ins Torkeln geriet,
weil es mir wiederholt schwarz vor den Augen wurde.
Als L. dies merkte, wurde ihm wahrscheinlich auch
deutlich, daß er den Bogen überspannt hatte und er
bei einem Zusammenbrechen von mir, das er zunächst
planmäßig vorbereitet hatte, selbst zur Rechenschaft

gezogen werden könnte. Ich durfte wieder in das Glied eintreten. Diese beiden Male waren übrigens die einzigen Übergriffe von Ausbildern - es war ja ohnehin nur einer - mit denen ich es während der gesamten Ausbildung zu tun hatte.

Nach einigen Wochen intensiver Ausbildung erfolgte die Vereidigung in recht feierlicher Form: Dienstanzug mit Stahlhelm und Stiefeln „Hosen in denselben", wie es in dem am „Schwarzen Brett" ausgehängten Kompaniebefehl stand. Wir marschierten auf einen freien Platz vor der Stadt. Die vier Ausbildungskompanien traten im Karree an. Auf einem Podium in der Mitte war die Reichskriegsflagge ausgebreitet, umrahmt von vier Soldaten - von jeder Ausbildungskompanie einer - und dazu der Kommandeur, der die Vereidigungsformel vorsprach, die von uns im Chor wiederholt wurde. Nachmittags und abends war dann der erste Ausgang. Die Unterhaltungsmöglichkeiten waren jedoch in dem kleinen Städtchen, auch angesichts der vielerlei Einschränkungen des vierten Kriegsjahres, recht beschränkt. In den wenigen überfüllten Gaststätten gab es nur ein dünnes Bier und kein Essen. Die weitere Ausbildung vollzog sich mit einer gewissen Routine und Einförmigkeit. Nach dem Abendessen war mehrmals in der Woche Singen im Gemeinschaftsraum angesagt. Das Singen machte mir Spaß.

Beim Luftangriff auf Kassel

Auch am Abend des 22. Oktober war die Kompanie singender Weise im Gemeinschaftsraum vereint. Aber diesmal sollte es anders kommen. Wir wurden unversehens mit dem Krieg konfrontiert. Während des Singens wurde Luftalarm gegeben und alles strömte in die als Luftschutzräume ausgewiesenen Keller der Kaserne; der Alarm dürfte gegen 21,30 Uhr erfolgt sein. Im Keller merkten wir, daß die Bombenabwürfe in unmittelbarer Nähe erfolgten: Das etwa 20 Kilometer von Hofgeismar entfernte Kassel wurde bombardiert. Die Explosionen der niederfallenden Bomben und das Feuer der Flak vereinigten sich zu einem ständigen Geräuschkulisse. Noch während des Angriffes wurde unser erster Zug alarmiert, um im Stadtbereich von Kassel zu Rettungsarbeiten eingesetzt zu werden. Als wir aus dem Luftschutzkeller herauskamen und vor die Kaserne traten war der Himmel über dem benachbarten Kassel blutrot und das Toben der Bombenexplosionen, verbunden mit dem Feuer der Flakgeschütze, war noch viel lauter als im Keller zu hören. Inzwischen waren schon Lastwagen der Standortverwaltung vorgefahren und unser Zug wurde, ebenso wie Einheiten anderer Kompanien, auf die Fahrzeuge verladen und auf der von Hofgeismar nach Kassel führenden Reichsstraße in Marsch gesetzt.

Am Stadtrand von Kassel hielten die Fahrzeuge an, um den Einsatzbefehl abzuwarten. Der Luftangriff selbst hatte offenbar sein Ende gefunden. Die Flak hatte aufgehört zu schießen und es fielen keine Bom-

ben mehr. Kurze Zeit darauf kam ein Kradmelder um
uns einzuweisen. Unsere LKW-Kolonne konnte sich
nur unter größten Schwierigkeiten der Innenstadt
nähern. Die Bombenkrater auf den Straßen, die bren-
nenden Häuser und zusammengestürzten Gebäude
machten oftmals ein Weiterkommen unmöglich und
mußten umfahren werden.

In der Innenstadt, unweit des Theaters, wurden
wir ausgeladen und sollten aus den Kellern brennen-
der Häuser verschüttete Menschen retten. Der Feuersturm, mit dem wir es nun zu tun hatten, war so intensiv, daß man, wenn man aufrecht blieb, mit unwi-
derstehlicher Gewalt in das Flammenmeer hineinge-
zogen wurde. Dem konnte man nur dadurch entgehen,
daß man sich flach auf die Erde legte. Hier sah ich
zum ersten mal, daß Menschen, zumal ältere Leute,
die sich wegen körperlicher Hinfälligkeit nicht zu
wehren verstanden, wie die Fliegen in die Flammen
gezogen wurden und verbrannten. Zu einem geregel-
ten Einsatz unseres Zuges kam es in diesem Stadtbereich nicht. Es erfolgten auch keine Anweisungen
über das Verhalten im Feuersturm. Es schien so, daß
alle Befehlsgewalt aufgehört hatte. Auch die einzelnen Menschen benahmen sich völlig widersinnig. Ich
sah ein älteres Ehepaar das sich verzweifelt bemühte,
ein Klavier die Treppe hinunterzubringen. Die zur
Straße hin gelegene Seitenfront des Hauses war völlig
eingestürzt. Man konnte deshalb die Menschen im
Haus so sehen, als wenn sie im Freien stünden. Während noch die beiden Menschen an dem Klaviere zogen, brach plötzlich das ganze Haus zusammen und

alle darin noch befindlichen Bewohner gerieten unter die Trümmermassen.

Nach einiger Zeit wurde unser Zug von einem Melder zu einem neuen Einsatzort geführt. Es war ein großer, freier Platz an dem sich seitlich unter einem zusammengestürzten Haus, einem Lichtspieltheater, ein behelfsmäßiger Luftschutzraum befand. In diesem Luftschutzraum sollten sich, wie uns gesagt wurde, mehrere hundert Menschen befinden, die zwar noch lebten, sich aber nicht mehr aus eigener Kraft aus dem zum Teil eingestürzten Kellerraum befreien konnten. Als wir zu dem Luftschutzraum kamen, hatten Pioniere schon einen Einstieg in den Keller frei geschaufelt. Der Einstieg war aber so niedrig, daß man nur kriechender Weise in den Keller gelangen konnte. Es erging die Anordnung, daß Gasmasken aufzusetzen seien, da mit Rauchvergiftung gerechnet werden müsse. Zu diesem Zeitpunkt war uns allerdings noch nicht klar, daß unsere Gasmasken gar keinen Filtereinsatz hatten, der gegen Rauchvergiftungen schützte. Es wurde weiter gesagt, daß jeweils zwei Rettungskräfte zusammen in den Keller einsteigen sollten, weil das Herausbringen der Verschütteten von einem allein nicht geleistet werden könnte. Ich bin dann zusammen mit meinem Kamerad Heinrich Becker in den Kellerraum hineingekrochen. In dem Keller war es stockdunkel. Lampen, auch Taschenlampen irgendwelcher Art, standen uns nicht zur Verfügung. Heinrich und ich waren unmittelbar hintereinander in den Kellerraum hineingekrochen und verständigten uns durch Zuruf. Dies war aber sehr schwierig, weil über dem ganzen Kellerraum, der offenbar mehrere hundert Quadratmeter umfaßte, eine Geräuschkulisse lag, die sich wie ein einziger hoher, irgendwie schriller Ton anhörte. Die Verschütteten, oder zumindest viele von ihnen, waren zu diesem Zeitpunkt noch am Leben und gaben diesen von mir beschriebenen, hohen Ton von sich. Jedenfalls hörten sich die Laute, die die Eingeschlossenen von sich gaben, in ihrer Gesamtheit wie ein solch einziger schriller Ton an. Heinrich und ich zogen gemeinsam eine Frau die wir unweit des Einganges gefunden hatten, aus dem Ein- bzw. Ausgang heraus. Wie wir draußen feststellen konnten, lebte die Frau noch. Draußen auf dem freien Platz, wurden die Toten in eine lange Reihe gelegt und ebenso die noch Lebenden, die von Helfern betreut wurden. Ärzte kamen erst später. Heinrich und ich machten den Einstieg in den Keller noch einige Male, vielleicht so etwa acht bis zehn mal. Der Einstieg und die Rettungsaktion waren immer eine enorme Strapaze, wobei unsere Hilfeleistung noch dadurch erschwert wurde, daß die Kelleröffnung so schmal war, daß die sich begegnenden Rettungstrupps nur mit größter Mühe aneinander vorbeikamen. Die Geräuschkulisse im Inneren des Kellers stellte zusätzlich eine ganz erhebliche psychische Belastung für uns dar. Schließlich wurde ich beim letzten Einstieg selbst ohnmächtig und hatte es nur dem beherzten Eingreifen von Heinrich Becker, der mich allein aus dem Keller zog, zu verdanken, daß ich gerettet wurde. Ich wurde draußen, nachdem ich wieder zu mir gekommen war, mit heißem Tee versorgt und mußte mich noch einige

Zeit erholen, bis ich wieder senkrecht stehen konnte. Unterdessen gingen die Rettungsmaßnahmen in dem Behelfsluftschutzraum zu Ende. Die noch Lebenden waren durch den Einsatz unseres Zuges und einer Reihe anderer Helfer alle herausgeholt worden.

Wir wurden dann in kleineren Trupps bis zum Morgen bei weiteren verschütteten Kellern zu Rettungsarbeiten eingesetzt. Am Abend dieses Tages, dem 23. Oktober, wurde uns eine zeitweilige Unterkunft in einer Kaserne „Auf der Tönnche" zugewiesen. Dort erhielten wir auch Verpflegung. Für etwa eine Woche mußten wir noch zu Rettungs- und Aufräumungsarbeiten in Kassel bleiben. Die verschütteten Menschen konnten wir allerdings nur noch tot bergen. Bei diesen Arbeiten kamen wir zum ersten Mal auch mit italienischen Kriegsgefangenen zusammen, die ebenfalls in Kassel eingesetzt waren. Gegen Ende des Monats Oktober fuhren wir wieder nach Hofgeismar zurück, um unsere Ausbildung fortzusetzen.

Nach dem Bombenangriff auf Kassel;
22./23. Oktober 1943

Wieder in Hofgeismar

Für Mitte November stand dann eine mehrtägige Felddienstübung unter kriegsmäßigen Bedingungen auf dem Programm. Die Kompanie marschierte über Grebenstein in das Weserbergland. In unmittelbarer Nähe der Weser errichteten wir unsere Zelte, die uns zum Teil mit Fahrzeugen von Hofgeismar aus nachgebracht worden waren. Ein Kamerad aus Offenbach, ein nach meiner damaligen Sichtweise schon älterer Mann - etwa Mitte der dreissig - der immer etwas nervös mit den Augen zwinkerte, sang am mondhellen Abend mit seiner schönen Baritonstimme das Weserlied: „Da hab' ich so manches liebe Mal mit meiner Laute gesessen". Die Landser sangen „Mit meiner Laura gesessen".

Mitte Dezember erhielt ich meinen einzigen Urlaub von der Wehrmacht. Ein Kurzurlaub, der mit dem Dienstende am Mittwochabend begann und am Freitag endete. Gegen 17 Uhr konnte ich zum Bahnhof gehen. Unser Zug konnte schon wieder über Kassel fahren; die Gleisanlagen waren repariert. Abends gegen 23 Uhr waren wir in Fulda, nachdem der Zug wiederholt auf freier Strecke wegen Luftangriffen gestanden hatte. In Fulda erreichte ich noch eben den letzten Zug nach Lauterbach, wo wir gegen Mitternacht ankamen. Inzwischen hatte ein dichtes Schneetreiben begonnen.

Mir ist noch erinnerlich, daß sich am Lauterbacher Bahnhof ein altes Ehepaar mit einem Handwagen und einem darauf befindlichen Sack Kartoffeln, den sie, wie sie mir sagten, in Angersbach bei Verwandten bekommen hatten, rechtschaffen abmühte, um die Bahnhofstraße hinauf an der Post vorbei zu ihrem kleinen Häuschen bei der Druckerei Ehrenklau zu kommen. Ich habe den beiden alten Leuten, bei denen es sich, wie ich im Gespräch feststellte, um die Eltern meines Stenografielehrers Eschke handelte, den Handwagen bis vor ihr Haus gezogen. Das war einigermaßen mühsam, weil der lockere, etwas pappige Schnee sich immer wieder um die Räder des Wägelchens wickelte. Dann marschierte ich zügig den Knöppsack hinauf nach Allmenrod. Meine Eltern, die mit meinem Kommen nicht gerechnet hatten, waren recht erstaunt, als ich nachts am Fenster klopfte. Am nächsten Abend war ich in der Spinnstube bei „Määrestöpplersch". Einladendes Mädchen war Elisabeth Schmelz. Am Freitagmorgen ging es dann mit dem ersten Zug - 5 Uhr ab Lauterbach - wieder zurück nach Hofgeismar.

Wir waren an sich dahingehend informiert worden, daß die Ausbildung, die neben der infanteristischen Grundausbildung auch eine gewisse Sanits-Basisausbildung als Krankenträger umfaßte, Ende Januar 1944 beendet sein sollte. Dann würden wir zwei Wochen Abstellungsurlaub erhalten, um anschließend zum Feldtruppenteil versetzt zu werden. Ich war im Hinblick auf meine Erblindung des rechten Auges mit dem Musterungsergebnis „gvH" (garnisonverwendungsfähig Heimat) eingezogen worden. Während der Ausbildung in Hofgeismar wurde uns beiläufig mitgeteilt, daß es künftig nur noch die Beurteilungskriterien „kv" (kriegsverwendungsfähig) und „bedingt kv" geben würde; aus „gvh" war für mich „bedingt kv" geworden. Was die Beendigung unserer Ausbildung anbelangte, sollte es jedoch anders kommen als erwartet.

Weihnachtsfeier 1943 in Hofgeismar

Abgestellt zur Ostfront

Am 7. Januar des neuen Jahres (1944) saßen wir abends nach dem Essen im Gemeinschaftsraum und sangen aus voller Kehle. Ein Unteroffizier unserer Kompanie, der im Zivilberuf katholischer Pfarrer war, leitete das offene Singen. Plötzlich kam der Hauptfeldwebel in den Saal und gab mit der obligatorischen Ankündigung „Alle mal herhören" die sofortige Abstellung von 13 Kompanieangehörigen bekannt. Zu den Abgestellten gehörte auch ich; schon beim Verlesen der Namen durch den „Spieß" wurde deutlich, daß es sich ausschließlich um jüngere Soldaten (Jahrgang 1913 und jünger) handelte, die zu einer Marschkompanie nach Bückeburg versetzt wurden. Wir wurden noch am gleichen Abend in Marsch gesetzt. Eine Hetze: Packen, dann Abmelden beim Kompaniechef, der aus Anlaß unserer Versetzung noch einmal zu später Stunde in die Kaserne gekommen war, beim Zugführer, einem Leutnant, der in der Kaserne wohnte und seine Freundin bei sich im Zimmer hatte, und zuletzt beim Hauptfeldwebel. Dann ging es im Geschwindschritt zum Bahnhof, um noch den letzten Zug nach Kassel zu erreichen. Transportführer war ein älterer Obergefreiter aus Erfurt; ein ernster, aber freundlicher Mann. Er hieß Hans Möller. Zum Thema Abstellungsurlaub war uns in Hofgeismar gesagt worden, daß wir diesen in Bückeburg erhalten würden.

In Kassel hatten wir eine Stunde Aufenthalt. Die total zerbombte Stadt machte auf uns einen deprimierenden Eindruck. Es war eine klare, kalte Nacht und fröstelnd standen wir in dem zugigen, zerstörten Kasseler Bahnhof. Der zerstörte Wartesaal war noch nicht wieder aufgebaut. Dann ging es weiter nach Bückeburg, wo wir am nächsten Morgen eintrafen. Auf der langen Fahrt durch die Nacht saßen Hans Möller und ich beieinander und unterhielten uns. Wir sahen beide dem, was auf uns zukommen würde, mit viel Skepsis entgegen. Die Kriegslage stellte sich für Deutschland so dar, daß es nach unserer gemeinsamen Betrach-

tungsweise nur noch eine Frage der Zeit sein würde,
bis der Zusammenbruch kam. Hans Möller, der ver-
heiratet war und eine junge Frau mit zwei kleinen
Kindern hatte, sah unsere Zukunft noch düsterer als
ich, der ich versuchte, ihm eher etwas Mut zu machen.
Es war fast so, als ob Hans seinen baldigen Tod ge-
ahnt hätte. Nach noch nicht sechs Wochen fiel er bei
seinem ersten Einsatz an der Front bei Dubno in Ost-
galizien.

In Bückeburg machte sich unsere Gruppe auf den
Weg zur Kaserne. Wir hatten es jetzt nicht mehr eilig.
In der Kaserne wurden wir bereits erwartet. Jetzt begann erneut die Hektik, mit der wir bereits am ver-
gangenen Abend konfrontiert worden waren. Die
Marschkompanie, zu der wir gehörten, war bereits
zum Bahnhof abgerückt und wurde dort verladen. Wir
Hofgeismarer meldeten uns zunächst auf der Schreibstube mit dem Hinweis, daß wir noch keinen Abstellungsurlaub erhalten hätten. Darauf entschied der
Spieß, daß wir im Hinblick auf einen bestehenden
Führerbefehl nicht mit dem Tranport fahren, sondern
erst Urlaub nehmen sollten. Wir sollten gleich auf der
Schreibstube unsere Urlaubsscheine in Empfang nehmen. Diese gute Nachricht hatte leider nur kurzen Bestand. Schon nach wenigen Minuten wurde uns gesagt, die Abteilung (offenbar die San. Ersatzabteilung
11 in Bückeburg) habe entschieden, daß die Hofgeismarer Gruppe ohne Abstellungsurlaub mit dem
Transport gehen müsse.

Nun ging die Hektik erst richtig los. Zunächst
wurde im Soldbuch nachgesehen, welche Impfungen

uns noch fehlten um für den Fronteinsatz gerüstet zu sein. Das waren einige. Dann erhielten wir diese Impfungen und wurden gleich anschließend zur „Kammer" (Ausgabestelle von Bekleidung und Waffen) gebracht. Hier wurden wir von Kopf bis Fuß neu eingekleidet und erhielten für den Wäschebeutel drei zusätzliche Garnituren Unterwäsche. Schließlich bekamen wir das Gewehr 98 k mit Munition und zwei lederne Krankenträgertaschen mit der dazu gehörigen, kleinen Sanitätsausrüstung. Zur Uniform gehörten auch ein Paar Stiefel und ein Paar Schnürschuhe, schließlich ein Mantel und ein wattierter Tarnanzug, der auf der einen Seite weiß war und auf der anderen Seite die im 2. Weltkrieg bei uns üblichen Tarnfarben (grün/braun) hatte. Als ich mit einiger Mühe auch einen passenden Stahlhelm (Gr. 59) gefunden hatte, hätte ich wie die übrigen Hofgeismarer zum Bahnhof gehen können - die Kameraden waren inzwischen schon weg - wenn ich nicht plötzlich beim Zusammenpacken den Wäschebeutel mit der Unterwäsche vermißt hätte. Ich meldete dies dem Kammerunteroffizier, zugleich mit der Bemerkung, daß ich nur dann weggehen würde, wenn ich meine komplette Wäscheausstattung hätte. Der Unteroffizier gebärdete sich wie ein Irrer und schrie mich nach allen Regeln der Kunst an, wo ich denn meine Gedanken hätte; ich hätte schließlich alle mir zustehenden Kleidungsstücke erhalten und er könne nichts mehr abgeben. Ich blieb jedoch stur und ging nicht weg. Da inzwischen vom Bahnhof schon angerufen wurde wo ich bliebe, gab der Kammerbulle schließlich nach und

teilte mir die fehlenden Unterwäschegarnituren unter
Einschluß des Wäschebeutels nochmals zu. Nun setzte ich mich mit allen Utensilien, die ich der Kürze der
Zeit halber natürlich nicht alle im Tornister hatte ver-
packen können, in Marsch. Die nicht verpackten Teile hatte ich alle in die Zeltplane gelegt und die Plane
zusammengezurrt. Und siehe da, am Ende des Flures,
unmittelbar vor der Treppe, stand mein zuerst in Empfang genommener Wäschebeutel mit der Unterwäsche. Ich nahm auch diesen an mich und ging meines
Wegs. Offenbar hatte ein anderer den Wäschebeutel
zunächst an sich genommen und ihn dann stehen lassen. Glücklicherweise traf ich unmittelbar vor dem
Kasernentor zwei Jungens mit einem Schlitten. Sie
waren gleich bereit, mein Gepäck mit dem Schlitten
zum Bahnhof zu fahren. Das Gepäck wurde auf dem
Schlitten verstaut. Die Zeltplane mit Inhalt wurde von
mir festgehalten, damit sie nicht vom Schlitten fiel,
und ab ging es. Nach einer Viertelstunde kam der
Bahnhof in Sicht. Unser Transportzug befand sich auf
einem Abstellgleis am Güterbahnhof. Das Verladen
des Gerätes war noch in vollem Gange. Meine Hofgeismarer Reisegefährten begrüßten unseren kleinen
Schlittentransport mit Hallo und meine Kameraden
Heinrich und Hans halfen mir den Tornister fachge-
recht zu packen und das Gepäck zu verstauen.

Wir Hofgeismarer waren mit anderen zusammen
in einen Güterwagen eingewiesen worden, in dessen
Mitte ein Kanonenofen stand, der schon angeheizt
war. Der Güterwagen war über die ganze Breite und
Länge hin, mit Ausnahme des Mittelteils mit einem

Zwischenboden ausgestattet. Die Soldaten lagen teils auf dem Fußboden des Wagens und zum Teil auf dem Zwischenboden. Auf diesem lag auch in einer Ecke die Hofgeismarer Gruppe zu der ich dazu stieß. Mit der Abfahrt des Transportzuges hatte es, unbeschadet der Eile, mit der die Beladung erfolgt war, nun doch noch gute Weile. Inzwischen wurde von der Standortkommendatur in Lüneburg eine Ladung Haferstroh angefahren, die auf die Güterwagen verteilt wurden. Mit dem Stroh konnten wir uns dann doch etwas gemütlicher einrichten, als dies auf den blanken Brettern möglich war. Ich hatte mir einen Platz unweit des Ofens gesichert, und wenn ich meine Beine lang ausstreckte, bekamen zumindest meine Füße noch etwas von der Ofenwärme ab. Meinen Eltern konnte ich rasch noch ein paar Zeilen schreiben. Ich habe die Karte erst kürzlich wiedergefunden:

„Soeben werden wir verladen mit unbekanntem Ziel. Es war nichts mit Urlaub. Alles ging so schnell, daß ich es selbst kaum fassen kann. Macht Euch keine Gedanken; seid unbesorgt, ich werde schon durchkommen. Vorläufig braucht Ihr mir nicht zu schreiben. Wenn es jetzt mit meiner Post etwas länger dauert, wißt Ihr ja Bescheid. Viele herzliche Grüße, Euer Fritz.“

Nachmittags setzte sich dann unser Transportzug in Bewegung. Der Himmel war trüb und verhangen mit leichtem Schneetreiben. Es gab im 5. Kriegsjahr keine Verabschiedung von offizieller Seite. Wir hatten dies auch nicht erwartet, und im Grunde genommen war es mir auch so egal wie irgend etwas. Viel mehr interessierte uns, in welche Himmelsrichtung nun die Fahrt gehen würde. Aber auch dies klärte sich bald: es ging, wie könnte es anders sein, nach Osten.

Auffällig war, daß der Transportzug entweder auf kleineren Bahnhöfen, oder auch auf freier Strecke öfter zum Stehen kam. Erst in der Nacht kamen wir nach Magdeburg, wo wir warm (Eintopf !) verpflegt wurden. Inzwischen war der Spieß der Marschkompanie von Wagen zu Wagen gegangen und sah nach seinen Soldaten. Es war ein kleiner gedrungener, aber quirliger Stabsfeldwebel der aus der Ostmark kam und, wie er uns sagte, ein Zwölfender (Berufssoldat mit zwölfjähriger Verpflichtung) war. Unser Zugführer war ein junger drahtiger Sanitätsfeldwebel, dessen Auszeichnungen, darunter das EK 1, ihn als Soldaten mit Fronterfahrung auswiesen. Der Hauptfeldwebel sprach übrigens, wenn die Rede auf die Zugführer kam, von Zugsführern; so wie offenbar diese Dienstgradbezeichnung beim K.u.K.-Heer und in der Folge auch beim österreichischen Bundesheer gelautet hatte. Der Transportführer war ein kleiner älterer Reservehauptmann mit einem respektablen Bauch und einem typischen Rotspongesicht, der sich allerdings kaum blicken ließ und sich in seinem 2. Klasseabteil in dem zum Transport gehörenden Personenwagen wie der Fuchs im Bau eingerichtet hatte. Allenfalls schaute er einmal bei einem Zughalt mürrisch aus seinem Abteilfenster.

Die nächste warme Verpflegung gab es in Leipzig; da waren wir allerdings schon weitere 24 Stunden unterwegs. Die alten Landser in unserem Waggon nah-

men die Aufenthalte nicht tragisch; „das geht alles
vom Kriege ab" war ihre geflügelte Redewendung.
Erst am 13. verließen wir das alte Reichsgebiet und
durchfuhren nun die ehemals polnischen Gebietsteile.
Von der früheren Reichsgrenze war nichts mehr zu sehen. Gleichwohl merkte man, daß man nicht mehr im
eigentlichen Deutschland war. Die sauberen Dörfer
wichen einförmigen, meist kleineren Ansiedlungen
mit niedrigen Häusern. Zu einem mehrtägigem Aufenthalt kam es in Krakau. Unser Zug wurde in einem
Vorort auf ein Abstellgleis gefahren. Wir würden, wie
der Spieß sagte, hier einige Tage bleiben. Die Marschkompanie wurde täglich in der DRK-Unterkunft am
Bahnhof warm verpflegt. Abgesehen von den Leuten
die zur Wache eingeteilt worden waren, konnten wir
jeden Tag mit der Straßenbahn nach Krakau hinein
fahren und uns in der Stadt umsehen.

Krakau war vom Krieg absolut unberührt geblieben, soweit es sich um die Gebäude handelte. Das
Krakauer Königsschloß machte auf mich einen ganz
besonders nachhaltigen Eindruck.. Darüber hinaus
ließen es wir uns auch in den Cafés gut gehen. Denn
Kuchen, Torten mit Schlagsahne gab es hier im Gegensatz zur Situation in der Heimat noch zu durchaus
erschwinglichen Preisen zu kaufen. Inzwischen war
das klare Frostwetter, mit dem wir es in den ersten Tagen unseres Transportes zu tun hatten, einem ausgesprochenen Tau- und Matschwetter gewichen. In der
Stadt war es mit dem schmutzigen Schlamm ja noch
erträglich, aber sobald wir von der Straßenbahnhalte-
stelle aus das letzte Wegstück zu unserem Transport-

zug zu Fuß gehen mußten, wurde es kriminell. Man mußte schon darauf achtgeben, daß der Schlamm nicht oben in die Schuhe hineinlief. In meinen Briefen aus Krakau schrieb ich über meine Verwunderung darüber, daß zunächst bei Beginn des Transportes alles gar nicht schnell genug gehen konnte und nun der Zug schon nahezu eine Woche auf dem Abstellgleis bei Krakau stand (Brief vom 21. Januar 1944). Angeblich sollte die Bahnstrecke nach Reichshof völlig verstopft gewesen sein.

Am 23. Januar ging die Fahrt weiter nach Osten. Wir meinten damals, wir sollten zu einer neuen Einheit, einer Sanitätskompanie, zusammengestellt werden, weil es sich bei den Angehörigen unserer Marschkopmpanie zum ganz überwiegenden Teil um nicht voll einsatzfähige Soldaten mit dem Tauglichkeitsgrad „bedingt kriegsverwendungsfähig, bedingt kv" handelte.

Während die Räder des Transportzuges ihr eintöniges „ra ta tatt" und immer wieder „ra ta tatt" hämmerten, gingen meine Gedanken zurück zu jenem Septembertag des Jahres 1930, der einen wesentlichen Einschnitt in mein bisher doch so behütetes Kinderdasein mit sich brachte. Der Unfall stand damit im Zusammenhang, daß ich aus der geöffneten Tischschublade in unserem Wohnzimmer meines Vaters Rasiermesser herausnahm. Mein Vater unterhielt sich unterdessen im Hausflur, im „Ährn", wie man damals im Vogelsberg sagte, mit dem Postboten, der einen Geldbetrag in bar an ihn auszahlte. Dabei handelte es sich um die vierteljährlich zahlbare Vergütung, die meine Mutter, die gelernte Schneiderin war, von der Schulbehörde für den von ihr nebenberuflich erteilten Handarbeitsunterricht in der Allmenröder Schule erhielt. Die Mädchen unserer einklassigen Schule in Allmenrod hatten einmal wöchentlich diesen Unterricht bei meiner Mutter. Dabei wurde den Kindern das Nähen und Stricken und andere Handarbeiten beigebracht. Mein Vater war während des ersten Weltkrieges einige Jahre als Postjungbote beim Lauterbacher Postamt tätig gewesen, bis er 1917 zu den 117ern nach Mainz eingezogen wurde und danach, wegen des Kriegstodes seines älteren Bruders die kleine, elterliche Landwirtschaft übernahm. Von seiner Tätigkeit beim Postamt kannte er die Postboten und hielt also auch heute mit dem Postzusteller ein kleines Schwätzchen. Ich versuchte das Rasiermesser, das ähnlich wie die Taschenmesser einen Bügelverschluß hatte, zu öffnen. Da ich dies mit den Händen allein nicht schaffte, klemmte ich das Messer zwischen meine Vorderzähne um nunmehr mit beiden Händen die unter Spannung stehende Klinge hoch zu ziehen. Dies schaffte ich dann auch. Allerdings sprang beim Hochziehen der Klinge diese mit ihrer Schneidseite in mein rechtes Auge. Sowohl das Augenlid, als auch der Augapfel wurden verletzt. Ich blutete. Laut weinend lief ich zu meinem im Hauseingang bei dem Postboten stehenden Vater. Der sah gleich, daß das Auge verletzt war, packte mich rasch auf sein Fahrrad und fuhr mit mir zu unserem Lauterbacher Hausarzt Dr. Stotz. Dieser sah sich die Verletzung an und machte mir einen Verband. Meinem Vater sagte Dr. Stotz, daß er an der

Augenverletzung nichts tun könne und ich unverzüglich in die Universitätsaugenklinik nach Gießen gebracht werden müsse, um möglicherweise durch eine Operation das Auge noch retten zu können. Wir sollten keine Zeit verlieren und den nächsten Zug nach Gießen nehmen. Nun ergab sich aber, daß mein Vater in der Eile des Aufbruchs vergessen hatte, sich Geld einzustecken. Die Schwierigkeiten bei seinen Bemühungen, sich Fahrgeld für die Eisenbahnfahrt nach Gießen auszuleihen, kennzeichnen so recht die damalige Zeit, die durch Arbeitslosigkeit und das Darniederliegen von Handel und Wandel gekennzeichnet war. Mein Vater suchte zunächst seinen Cousin auf, der bei der Kreisverwaltung beschäftigt war, also noch Arbeit hatte. Es ging jedoch schon auf das Monatsende zu und unser Verwandter hatte sein bescheidenes Gehalt, das er als „Kanzlist" erhielt, schon ausgegeben. Dieser Versuch war also gescheitert. Dann fuhr mein Vater zu dem Ledergeschäft H.C. Finger am Marktplatz, bei dem sowohl schon sein Vater als auch er als Schuhmacher ständiger Kunde war. Aber auch hier scheiterte sein Bemühen zu Fahrgeld zu kommen. Die Ladenkasse war leer. Als mein Vater schon im Weggehen begriffen war, rief aus dem Hintergrund die Haushälterin der unverheiratet gebliebenen beiden Firmeninhaber Finger, sie muß wohl mit dem Vornamen Elisabeth geheißen haben, denn sie wurde in Lauterbach „Fingersch Bettche" genannt: „Herr Georg, ich habe hier noch fünfzig Mark, die kann ich Ihnen geben." Nun war dieses Problem gelöst und wir konnten die Bahnfahrt nach Gießen an-

treten. Der Personenzug von Lauterbach nach Gießen
fuhr damals wie heute gute zwei Stunden. Wir hatten
in Lauterbach durch unsere Bemühungen um das
Ausleihen des Fahrgeldes schon Zeit verloren und
mußten dann auch noch auf das Eintreffen des fahr-
planmäßigen Zuges warten. Jedenfalls war es, als wir
nach Gießen kamen, schon dunkel. Ein im gleichen
Abteil sitzender Gießener Einwohner, mein Vater sagte immer „ein besserer Herr", der sich in Gießen aus-
kannte, führte uns zum Eingang der Augenklinik. An
der Türe schellten wir. Der diensthabende Arzt wurde
herbeigeholt, der dann alles weitere veranlasste. Ich
wurde noch in der gleichen Nacht operiert. Durch diese Operation konnte zwar das Auge selbst noch erhalten werden; die Sehkraft des Auges war aber nicht
mehr zu retten. Ich wurde in der Folge bei meinem
stationären Aufenthalt in der Augenklinik noch sechs
mal operiert. An dem schon erwähnten Ergebnis änderte sich jedoch nichts mehr. Ich lebte mich in den
nächsten Wochen in der Augenklinik ganz gut ein.
Damals waren in den Krankenhäusern die Patienten in
aller Regel nicht in Zimmern, sondern in Sälen untergebracht. In einem solchen Saal hatte auch ich mein
Domizil. Unsere und zumal meine Betreuung oblag
einer Schwester Erika, die immer sehr nett zu mir fün-
fjährigen Knirps war. Anfang Dezember konnte mich
mein Vater wieder aus der Klinik abholen. Ich weiß
noch, daß uns Johannes Schönhals, „Remesch Han-
nes", wie er mit dem Dorfnamen genannt wurde, der
den einzigen in Allmenrod vorhandenen „Landauer",
eine mit Wachstuch verkleidete geschlossene Kutsche

besaß, am Wallenröder Bahnhof abholte. Als wir im September mit dem Fahrrad nach Lauterbach fuhren, hatten wir es noch mit einem schönen Herbsttag zu tun gehabt. Jetzt als wir mit Johannes Schönhals vom Bahnhof in Wallenrod nach Allmenrod unterwegs waren, war dichtes Schneetreiben. Für meine Eltern war der Klinikaufenthalt von mir eine erhebliche wirtschaftliche Belastung. Da sie keiner Krankenkasse angehörten, mußten die Kosten voll von ihnen getragen werden. Mein Vater erzählte immer, daß er eine „Kalbin", ein hochtragendes Rind, verkaufen musste, um mit dem Verkaufserlös von etwa 700 RM - das war damals viel Geld - die Klinikkosten zu bezahlen. Dies war die Geschichte meiner Augenverletzung, die nun auch schon wieder nahezu 14 Jahre zurücklag.

Während ich noch gedanklich mit den damaligen Ereignissen befaßt war, wurde ich von der Seite angestoßen. Es war Heinrich Becker der mich fragte, wo ich denn mit meinen Gedanken sei. Er habe mich schon zweimal angesprochen, ohne daß ich darauf reagiert habe. Es war dies in der Tat eine Eigenart von mir, daß ich schon als Kind gedanklich voll „wegtreten" konnte. Wenn ich beim Viehhüten auf der Weide ein Buch las, vertiefte ich mich in das inhaltliche Geschehen so tief, daß ich bei beginnender Abenddämmerung beim Heimfahren von der Weide Mühe hatte, mich wieder in der Wirklichkeit zurecht zu finden.

Unsere Fahrt nach dem Osten wurde nun wiederholt unterbrochen. Am 2. Februar ging es weiter und am 4. Februar lagen wir wiederum fest. „Na ja, es geht alles vom Kriege ab", wie ich damals nach Hause schrieb. Der Transport ging zunächst nach Südosten. Dann drehte aber der Zug wieder nach Norden ein und fuhr in Richtung Lemberg. Auf dieser Fahrt passierte mir ein Mißgeschick, das leicht schlimme Folgen hätte haben können. Auf einem kleinen Bahnhof, eigentlich nur einer Rangierstelle mitten in der Weite des ukrainischen Landes, hielt unvermittelt der Transportzug. Ich sah, daß einige Landser nach vorne in Richtung Lokomotive liefen und dort heißes Wasser holten. Kurz entschlossen machte ich mich mit meinem Kochgeschirr auch auf den Weg, weil mir das heiße Wasser für das wieder einmal fällig gewordene Rasieren sehr gelegen kam. Die Zapfstelle befand sich etwas abseits vom Zug. Ich war als letzter gekommen und mußte deshalb den anderen Wasserholern den Vortritt lassen. Noch während ich mit dem Füllen meines Kochgeschirrs befaßt war, rief jemand „Der Zug fährt ab". Als ich mich recht besonnen hatte, sah ich, wie die letzten Kameraden auf den schon fahrenden Transportzug aufsprangen. Mir war es nicht mehr möglich, den Zug zu erreichen. Da stand ich nun ganz perplex mit meinem gefüllten Kochgeschirr allein auf dem menschenleeren kleinen Bahnhof mitten im Partisanengebiet. Auf die Partisanengefährdung waren wir aufmerksam gemacht worden, weil die Lokomotive unseres Transportzuges einen mit Sandsäcken beladenen Güterwagen vor sich her schob. Dadurch sollte beim Hochgehen von Minen nicht die Lokomotive, sondern der Güterwagen die Explosion abbekommen. Ich war ohne Mantel und Uniformjacke, nur im Pullover, zur Zapfstelle gelaufen und merkte nun, daß es doch ziemlich kalt war. Mein Soldbuch steckte natürlich im Uniformrock. Nun war guter Rat teuer. Ich sah, daß aus dem Schornstein eines kleinen Blockhäuschens Rauch kam. Dort mußten also auch Leute sein. Also ging ich zunächst einmal dort hin. In dem kleinen, verräucherten Raum saßen drei Eisenbahner um ein kleines Kanonenöfchen. Wie sich herausstellte, waren es ukrainische Eisenbahner, von denen allerdings einer gebrochen deutsch sprach. Ich schilderte mein Mißgeschick, und der deutsch sprechende Eisenbahner machte sich erbötig, eine Telefonverbindung zum nächstgelegenen größeren Bahnhof in Lemberg herzustellen. Bei meinem Telefongespräch mit dem Lemberger Eisenbahner erfuhr ich, daß in Kürze eine Motordraisine vorbeikommen würde, in die ich einsteigen solle. Die Draisine würde in die gleiche Richtung wie unser Transportzug fahren und diesen mit Sicherheit einholen. Nun wartete ich. Schon kurze Zeit später kam das Fahrzeug, besetzt mit zwei deutschen Eisenbahnern in feldgrauer Uniform. Die beiden konnten sich eines Schmunzelns nicht erwehren, als ich ihnen meine mißliche Situation schilderte. Aber es waren Pragmatiker. Sie gaben mir eine dicke pelzgefütterte Jacke, die ich anzog, und schon ging es mit der offenen Draisine dem Transportzug nach. Die Männer in der Draisine hatten den Auftrag, die Bahnstrecke zu kontrollieren um Anschläge von Partisanen auf die Bahnstrecke zu vermeiden. Wie man mir sagte, würde es sich meist um Minenanschläge handeln. Manchmal, vor allem in der Nacht, würden auch Züge regelrecht von Partisanengruppen überfallen. An Transportzüge würden sich die Partisanen allerdings bis jetzt nicht herantrauen, weil sie die Gegenwehr solcher Transporte schon erlebt und sie sich dabei blutige Nasen geholt hätten. Wir erreichten schon nach etwa einer Stunde unseren Transport, der wieder einmal auf einem Bahnhof zum Stehen gekommen war. Ich bedankte mich bei den beiden Eisenbahnern und schlüpfte rasch in unseren Waggon. Meinen Kameraden war bis dahin noch gar nicht recht klar geworden, daß ich zurückgeblieben war. Sie nahmen an, ich sei zeitweilig in einem anderen Waggon untergekommen.

Am 13. Februar hatten wir das Ziel des Transportes erreicht. Der Transportführer gab bekannt („Alle mal herhören!") - daß die Marschkompanie in drei Abteilungen aufgeteilt würde. Ich kam mit etwa 60 - 70 Kompanieangehörigen zur Korpsabteilung C. Ich konnte mir damals unter der Bezeichnung „Korpsabteilung" überhaupt nichts vorstellen und dachte eigentlich, daß dies eine Abteilung des Korpsstabes sei, die mit der sanitätsmässigen Versorgung der Truppe zu tun hätte. Erst später erfuhr ich, daß die Korpsabteilungen - im Süden der Ostfront gab es deren drei: A, B und C - jeweils Überreste von ursprünglich kampfstarken Divisionen waren, die wegen ihrer übergroßen Menschenverluste nicht mehr aufgefüllt wurden, sondern einfach zu der nächst niedrigeren Einheit zusammengefaßt wurden. Konkret bedeutet dies, daß die Korpsabteilung C aus den Resten dreier Divisionen bestand, nun Divisionsgruppen genannt, wobei eine Div.-Gruppe jeweils mit einem Regiment vergleichbar war; die Korpsabteilung war also praktisch eine Infanteridivision. Die Korpsabteilung C war im Oktober 1943 aus den Resten der ostpreußischen 217. Inf.Div., der 187. sudetendeutschen/fränkischen ID und der 339. hessischen ID zusammengestellt worden. Kommandeur war Generalleutnant Wolfgang Lange.

Am vorletzten Tag unseres Zusammenseins als Marschkompanie machten wir zugweise noch einen Ausmarsch in die Umgebung des Ausladebahnhofes. Offenbar war dem Transportführer aufgefallen, daß die Stimmung der Truppe inzwischen ziemlich auf den Nullpunkt gesunken war. Der Ausmarsch, verbunden mit dem Singen von Marschliedern („Marschordnung rührt Euch - ein Lied") sollte offenbar dazu dienen, die Stimmung etwas zu heben. Ich kann mich noch an das Lied „Ein Heller und ein Batzen" erinneren. Ich glaube aber nicht, daß das Marschieren und Singen viel zur Stimmungsaufhellung beigetragen hat. Im Gegenteil: Das weite flache Land, nahezu ohne Baum und Strauch, lag unter einer dicken Schneedecke und hatte irgendwie etwas düsteres an sich. Unsere Mannschaft, die zur Korpsabteilung C versetzt worden war, wurde nun nochmals auf die vorerwähnten Div.-Gruppen innerhalb der Korpsabteilung aufgeteilt. Ich kam zusammen mit den übrigen Angehörigen der Hofgeismarer Transportgruppe zur Div.-Gruppe (Inf. Regiment) 217. Vom Ausladebahnhof aus ging es am 12. Februar zunächst mit einem LKW und später mit zwei Geländefahrzeugen - damals „Raupenschlepper Ost" genannt - weiter. Mein erster Eindruck von der weitflächigen Landschaft wurde durch mehrere brennende Dörfer und Ortschaften bestimmt, durch die wir zur Front fuhren. Dies hing damit zusammen, daß die Front in Bewegung war, d.h. daß sich unsere Truppen auf dem Rückzug befanden. Das Anzünden der demnächst vom Feind in Besitz zu nehmenden Dörfer und Häuser sollte den Russen den Vormarsch erschweren (Prinzip der „verbrannten Erde"). Auf mich und sicherlich auch auf die anderen Kameraden machte dieses Vorgehen einen außerordentlich deprimierenden Eindruck. Das galt insbesondere für die Nachtzeit, wenn die Feuer weithin zu sehen waren.

Die erste Übernachtung auf unserem Weg zur Front erfolgte auf einem zur Korpsabteilung C gehörenden Hauptverbandplatz. Dieser HVP lag in der Nähe von Werba. Am nächsten Tag ging es weiter in Richtung Dubno. Dubno wurde von der Div.-Gruppe 217 verteidigt.

Dubno

Unser vorläufiges Ziel war der Gefechtsstand der Div.-Gruppe, der in Dubno sein sollte. Die Rollbahn nach Dubno konnte allerdings nur bei Nacht befahren werden, weil sie vom Feind eingesehen wurde. Beiderseits dieser Rollbahn verlief die HKL, so daß Dubno mit dem Hinterland nur durch diese Rollbahn, die eine Art Schlauch darstellte, verbunden war. An diesem Tage ging es also aus den vorgeschilderten Gründen nicht mehr weiter. Vielmehr wurde unsere Gruppe am späten Nachmittag zu einem abseits der Straße stehenden einzelnen Gehöft, einer Bauernkate, gebracht in dem der Divisions-Krankentransportzug der Korpsabteilung C untergezogen war. Hier befanden sich - soweit sie nicht gerade im Einsatz waren - die Sanisätskraftwagen, Sankas genannt, der Korpsabteilung C und ebenso der Regimentsarztschreiber der Div.-Gruppe 217, Stabsfeldwebel Schidlovski. Da die Stelle des Regimentsarztes zum damaligen Zeitpunkt nicht besetzt war, oblag Schidlovski die Regelung der verwaltungsmäßigen bzw. personellen Angelegenheiten der Div.-Gruppe, soweit diese den Sanitätsdienst berührten. Damit war der Stabsfeldwebel auch zuständig für die Aufteilung unserer Sanitäts-Nachersatzgruppe auf die zur Div.-Gruppe gehörenden zwei Regimentsgruppen (Bataillone) und das Div.-Füsilierbataillon 217. Der einzige Innenraum des Hauses war von einem intensiven Geruch nach gebratenem Hackfleisch ausgefüllt. Im vorderen Bereich waren zwei Landser mit der Zubereitung der Hackfeischbällchen und deren Braten in einer großen Pfanne beschäftigt; sie ließen sich durch unser Hinzukommen nicht stören. Ansonsten sah das Haus sowohl innen als auch außen so aus, wie alle diese einstöckigen Bauernkaten in der Ukraine: In dem verhältnismäßig großen Raum, dessen Fußboden aus gestampftem Lehm bestand, befand sich in der Mitte der gemauerte große Kachelofen, der oben als Liegestätte für die ganze Familie hergerichtet war und der von einer ebenfalls gemauerten Bank eingerahmt wurde. Das Haus war von der

Familie geräumt worden. Im Hintergrund des von Bratdunstschwaden durchzogenen Raumes, nahe am Fenster, befand sich der Stabsfeldwebel, ein etwa vierzigjähriger, verhältnismäßig kleiner, säbelbeiniger Mann mit hohen Reiterstiefeln, die er allerdings jetzt ausgezogen hatte, da er auf einem auf der Erde gelegenen Strohballen schlief. Schidlovski wurde geweckt und sah sich dann unser Häuflein an. Der Stabsfeldwebel war ein waschechter Ostpreuße - er stammte aus Lötzen - mit der diesem Volksstamm eigenen singenden Sprechweise und einer ausgesprochenen Bierruhe. Als Berufssoldat kam er noch aus der Reichswehr. Einer nach dem anderen wurde nun vom Stabsfeldwebel zu den zur Div.-Gruppe gehörenden Einheiten eingeteilt. Ich kam als letzter an die Reihe. An jeden, so auch an mich, richtete Schidlovski die Frage: „Welche Ausbildung haben Sie erhalten?" Alle zu unserer Gruppe gehörenden Landser waren entweder Sanitäter oder Krankenträger. Einige der Älteren hatten auch noch zusätzliche Qualifikationen. Bei mir fiel dem Stabsfeldwebel gleich meine Augenverletzung auf, und er fragte mich, ob ich wegen des Verlustes des Augenlichtes meines rechten Auges nicht „gvH" geschrieben sei. Meine Aussage hierzu, daß ich „bedingt kv" gemustert wurde, nahm Schidlovski nahezu ungläubig, etwas vom „letztem Aufgebot" knurrend, zur Kenntnis. Er teilte mich zur Stabskompanie der Div. Gruppe ein.

Während meine Kameraden noch am gleichen Abend, nach Eintritt der Dunkelheit in Richtung Dubno in Marsch gesetzt wurden, blieb ich bis zum näch-

sten Tag zusammen mit dem Stabsfeldwebel bei den
Sanka-Fahrern. Ich wurde ebenfalls zum Hackflei-
schessen der Fahrer eingeladen. Wie ich dabei erfuhr,
hatten diese beim Rückzug ein Schwein „requiriert"
und es geschlachtet.

Am Abend des 15. Februar fuhren dann Schidlovski und ich mit einem Sanka, der dort Verwundete
abholen sollte, nach Dubno. In Dubno stellte sich heraus, daß mein Aufenthalt bei der Stabskompanie, die
beim Kampfgruppengefechtsstand lag, nur kurz sein
sollte. Noch in der gleichen Nacht wurde ich zur 14.
Kompanie der Div.-Gruppe kommandiert. Dort war
der etatsmäßige Sanitätsdienstgrad, ein San.-Feldwe-
bel, in Urlaub gefahren. Ich wurde mit der Wahrnehmung der Obliegenheiten des Kompaniesanitäters
während der urlaubsbedingten Abwesenheit des Kom-
paniesaniätsdienstgrades beauftragt. Schidlovski
brachte mich zur Kompanie, der Pak-Kompanie des
Regiments, die zu dieser Zeit allerdings nur noch über
ein Panzerabwehrgeschütz (5 cm) verfügte. Die übrigen Geschütze der Kompanie waren auf dem Rückzug und den kurz vorher beendeten Kämpfen um
Dubno verloren gegangen. Es folgte eine kurze Vorstellung beim Kompanieführer, Leutnant Thiess, im
Kompaniegefechtsstand, der sich in unmittelbarer
Nähe des Regimentsgefechtsstandes befand; dann
ließ mich der Stabsfeldwebel an meinem neuen Wir-
kungsort allein. Als Sanitäter gehörte ich zum Kompanietrupp, dem neben dem Kompanieführer, der
Kompanietruppführer, der Kompaniesanitäter und die
Melder angehörten. Lt. Thiess war erst seit zwei Ta-

gen Kompanieführer; er hatte vorher den ersten Zug
der 14. Kp. geführt. Sein Vorgänger, ein älterer Oberleutnant, war bei den schweren Kämpfen um Dubno,
die meinem Eintreffen dort vorausgegangen waren,
gefallen. Lt. Thiess war ein junger Offizier, 21 Jahre
alt; er sah so aus, wie der Hauptdarsteller in dem damals sehr bekannten Film „Hitlerjunge Quex": mittelgroß, schlank mit strohblonden Haaren. Sein Auftreten war jungenhaft forsch, sympathisch, allerdings,
wie ich später feststellen sollte, nicht frei von einer
gewissen Unsicherheit, die sicherlich mit seiner ge-
ringen Fronterfahrung und seiner Verantwortung für
die Kompanie mit seinerzeit etwa 70 Soldaten im Zusammenhang stand. Der Kompanietruppführer, ein
gestandener Obergefreiter aus München, auf dessen
Rat Lt. Thiess viel gab, war in der Kompanie, lands-
mannschaftlich gesehen, ein weißer Rabe. Alle anderen Kompanieangehörigen waren Ostpreußen, und
zwar Masuren, die sich meist in ihrem heimatlichen
Dialekt, einer Art wasserpolnisch, unterhielten. Da
ich ihre Unterhaltungen nicht verstehen konnte, vermittelte dies mir bei all den neuen Eindrücken, die auf
mich zukamen, ein zusätzliches Gefühl der Fremdheit
in diesem Kreise.

Am nächsten Morgen ging ich zusammen mit
dem Kompanietruppführer zu allen Gruppen der
Kompanie, die in verschiedenen, dem Kompaniegefechtsstand benachbarten Häusern untergebracht waren. Der Kompanietruppführer mit seinem Münche-
ner Zungenschlag stellte mich vor: „Dös is dr nei Sani". Die Besuche in den Kompanieunterkünften, an

denen oftmals auch der Kompanieführer teilnahm, wiederholten sich jeden Morgen, auch später in den Stützpunkten des Kompanieabschnitts in der HKL (Hauptkampflinie). Auf meine Frage nach gesundheitlichen Beschwerden meldeten sich die Landser. Damals standen zwei Erkrankungen im Vordergrund: Das sogenannte „Wollynische Fieber" und die Furunkolose. Das wollynische Fieber wurde durch Läuse übertragen - und alle Soldaten der Kompanie waren verlaust; ich selbst hatte Läuse seit der Übernachtung am Div.-Hauptverbandsplatz bei Werba -. Die Krankheit äußerte sich durch hohe Fieberschübe (Temperatur um 40 Grad) und hielt einige Tage an. Die Furunkellose, wahrscheinlich durch die einseitige Ernährung begünstigt, trat vor allem im Gesäßbereich und im Rücken, manchmal auch an den Beinen auf und war für die Erkrankten eine außerordentlich schmerzhafte Sache. Beide Erkrankungen wurden ambulant behandelt, d.h. daß die Erkrankten bei der Kompanie blieben. Verwundungen waren, solange die Kompanie noch nicht in der HKL eingesetzt war, nur selten zu versorgen. Meine Aufgabe bestand unter anderem darin, mit den Erkrankten zum Truppenverbandplatz zu gehen, wo der Bataillonsarzt, der auch die Stabskompanie und die übrigen Regimentseinheiten (13. u. 14. Kompanie) betreute, d.h. die Erkrankten ärztlich versorgte, solange die Stelle des Regimentsarztes nicht besetzt war, . Die arzneimittelmässige Versorgung war relativ einfach; es standen für alle Erkrankungen nur ca. 5 bis 6 Präparate zur Verfügung. Insbesondere waren dies Aspirin - da dieses

Medikament sehr bekannt war, schärfte mir der Arzt ein, an Stelle von Aspirin die lateinische Bezeichnung „Acidum Salicilykum" zu gebrauchen -, Kohletabletten gegen Durchfall und Rizinusöl gegen Verstopfung.

Die 14. Kompanie, die, wie schon erwähnt nur noch über ein Pak-Geschütz verfügte, schoß mit diesem Geschütz jede Nacht auf die russischen Stellungen, und zwar immer von einem anderen Standort. Damit sollte der Russe über unsere außerordentlich bescheidene Bestückung mit Pak-Geschützen in Dubno im Unklaren gelassen werden. Offenbar ging es darum, dem Feind das Vorhandensein einer ganzen Anzahl von Panzerabwehrgeschützen vorzutäuschen. Die 14. Kompanie hatte übrigens bei der Verteidigung von Dubno gegen konzentrierte russische Angriffe in den ersten Februartagen einige Feindpanzer abgeschossen. Mehrere Panzer waren auch von Einzelkämpfern mit der Panzerfaust, bzw. Hohlhaftladungen ausgeschaltet worden; dabei hatte die Kompanie erhebliche Verluste erlitten. Die abgeschossenen Panzer standen noch in den Straßen von Dubno. Dubno war eine Geisterstadt. Die zum erheblichen Teil zerstörten Häuser mit ihren verkohlten Resten waren von einer Schneedecke überzogen. Die Stadt war menschenleer; die Zivilbevölkerung war evakuiert. Unser Aufenthalt in Dubno selbst dauerte übrigens nicht mehr lange. Schon am vierten Tag nach meinem Eintreffen bei der 14. Kompanie wurde diese infanteristisch eingesetzt und ihr ein Abschnitt in der HKL zugewiesen, der von uns in der darauf folgenden Nacht besetzt wurde. Der uns zugewiesene Kompanieabschnitt war etwa 1 Kilometer lang. Es bestand kein durchgehendes Grabensystem; vielmehr war die Kompanie gruppenweise auf Stützpunkte verteilt, die jeweils 150 bis 200 Meter auseinander lagen, wobei jeder Stützpunkt über ein Maschinengewehr verfügte. Die Stützpunkte waren mittels eines kleinen Grabensystems zur Rundumverteidigung eingerichtet. Der Kompanietrupp hatte ebenfalls einen solchen Stützpunkt besetzt, wobei wir es insofern günstiger getroffen hatten, als sich unmittelbar hinter unserem Stützpunkt eine kleine Bauernkate befand, zu der ein Laufgraben führte. In dieser Kate hielten sich die Angehörigen des Kompanietrupps auf, soweit sie nicht gerade Wache hatten, und zwar im Keller des Hauses, in den man vom Wohnraum aus durch eine Falltür bzw. eine dort aufgestellte Leiter gelangte.

Da ich am MG nicht ausgebildet war, brauchte ich mich am Wachdienst des Stützpunktes nicht zu beteiligen. Am Tage zog ein Einzelposten und in der Nacht ein Doppelposten auf Wache. Die Begehung der Stützpunkte konnten wir nach Bezug der HKL nicht mehr nach Tagesanbruch vornehmen, da der ganze Kompanieabschnitt vom Feind eingesehen wurde. Wir gingen jetzt immer abends nach Einbruch der Dunkelheit. Um diese Zeit kam dann auch die Feldküche nach vorne, die das Essen brachte. Meist gab es Eintopf, wozu ich sagen muß, daß die oftmals ausgegebene Erbsen- oder Linsensuppe, wahrscheinlich weil sie in großen Gebinden gekocht worden war, immer vorzüglich schmeckte. Vormittags machte ich mich dann mit meinen Kranken, mit denen ich mich hinter der HKL in einem vorher als Treffpunkt festgelegten Haus am Stadtrand von Dubno traf, auf den Weg zum Truppenverbandplatz. Durch unsere Einschleusung in die HKL hatten wir nun ein ganzes Ende, etwa zwei bis drei Kilometer, zu gehen. Der Trampelpfad zum Bataillonsarzt führte an einigen im Gelände liegenden und noch nicht beerdigten toten russischen Soldaten vorbei. Unterwegs gerieten wir des Öfteren in Feuerüberfälle der russischen Artillerie. Eine 17 cm Batterie hatte sich insbesondere auf eine Wegkreuzung eingeschossen, die wir sowohl auf dem Hinweg als auch auf dem Rückweg passieren mußten. Einmal gerieten wir bei einem solchen Überfall in ein derart dichtes Feuer, daß von meiner Gruppe ein Soldat tödlich getroffen und ein weiterer schwer verwundet wurde. Ich selbst wurde mit einem faustgrossen Splitter konfrontiert, der unmittelbar vor meinem Liegeplatz in die Erde fuhr und dabei meinen Stahlhelm noch schrammte. Wir brachten den schwer verwundeten Kameraden zum Bataillonsarzt, von dort wurde er in der Nacht von einem Sanka zum Hauptverbandsplatz gebracht.

Von diesem Tag an, erfolgte die Vorstellung der Kranken dann nicht mehr am Vormittag, sondern erst nach Einbruch der Dunkelheit. Ansonsten hatten wir es in dieser Zeit mir einer verhältnismäßig ruhigen Stellung zu tun. Das sollte sich jedoch bald ändern. Anfang März erwischte mich das wollynische Fieber. Ich lag zähneklappernd im Kellerraum unserer Kate und wurde von wüsten Fieberdelirien geplagt. Ich behandelte mich mit hohen Aspirindosen, sogenannten Aspirinstössen. In der Nacht vom 10. auf den 11. März, so ziemlich auf dem Höhepunkt des Fiebers, kam ich etwas zu mir, weil ich ein für mich fremdes Geräusch hörte. Mir schien es ein Knistern, oder besser gesagt, ein Prasseln im Gebälk, wie bei einem Feuer zu sein. Mein erster Gedanke war: Das Haus brennt. Da schrie auch schon der Posten: „Der Iwan greift an". Wie ich dann feststellte, kam das Knistern von den Geschossen mit denen uns der Russe eindeckte und die oberhalb des Kellerraumes, in dem wir uns befanden, in das Haus einschlugen. Die Russen hatten ohne Artillerievorbereitung mit einem MP-Batallon (MP = Maschinenpistole) in unserem Kompanieabschnitt angegriffen; kurioserweise, nur im Bereich unserer Kompanie. Der Kompanietrupp stürmte nach oben, um den Stützpunkt zu besetzen. Im Hinauslaufen rief mir der Kompanietruppführer zu: „Sani, Du bleibst hier unten, die Verwundeten bringen wir hierher. Und rufe auch beim Regiment an und melde den Angriff." Ich war ohnehin noch nicht marschfertig, da ich mir zunächst meine Schuhe anziehen mußte, die ich wegen der großen Gliederschmerzen, insbesondere in den Beinen, ausgezogen hatte. Kaum war ich damit fertig, rief auch schon das Regiment an. Am Apparat war der Regimentsadjutant, Oberleutnant Grimme. Seine erste Frage: „Was ist denn bei Euch los?" Ich antwortete. daß der Russe bei uns angreifen würde. Darauf schrie der Oberleutnant in das Telefon, daß die Stellung unter allen Umständen gehalten werden müsse. Ich solle dies Leutnant

Thiess melden. Damit war das Gespräch beendet. Ich schnappte mir mein Gewehr und wollte nach oben. Der Beschuß schien mir inzwischen schwächer geworden zu sein. Ich kam jedoch nicht mehr dazu den Kellerraum zu verlassen. Plötzlich merkte ich, daß oben im Haus Russen waren. Russische Sprachfetzen tönten nach unten. Dies dauerte jedoch nur kurze Zeit, dann hörte ich einen lauten Befehl „Dawai, dawai". Offenbar hatte ein Vorgesetzter die in das Haus eingedrungenen Sowjets bemerkt und sorgte nun dafür, daß sich diese hier nicht zur Ruhe setzten sondern sich am weiteren Angriff beteiligten. In der Tat wurde es ruhig im Hause. Die Russen hatten sich entfernt. Nun schlich ich mich, in der rechten Hand das Gewehr und in der linken die Sanitätstasche - eine Ledertasche, etwa im Format einer großen Aktentasche - die Treppe hinauf und sprang an der Rückseite des Hauses durch das von mir vorher geöffnete Fenster nach draußen. Es war stockfinster, nur ab und zu erhellten Leuchtkugeln die Nacht. Von unserer Kompanie war niemand mehr zu sehen. Der Kampflärm hatte nachgelassen und hatte sich in Richtung Dubno / Regimentsgefechtsstand entfernt. Vorsichtig, nach allen Seiten sichernd machte ich mich auf den Weg zum Regimentsgefechtsstand. Inzwischen hatte es zu schneien begonnen. Das sich daraus entwickelnde dichte Schneegestöber half mir, unerkannt von den mit mir sich in die gleiche Richtung bewegenden Russen nach hinten Raum zu gewinnen. Immer, wenn eine Leuchtkugel fiel, warf ich mich hin, damit ich nicht von den Sowjets gesehen wurde. Dabei mag mir geholfen haben, daß ich nicht meinen Stahlhelm trug, sondern die Feldmütze.

Unversehens war ich allein; ich war schneller gelaufen als die Russen, die sich eher vorsichtig vorwärts bewegten. Plötzlich wurde ich aus der Dunkelheit vor mir angerufen. Ich antwortete mit der Parole des Tages, die mir heute noch erinnerlich ist: „Gneisenau". Es waren Männer des Regiments-Pionierzuges, die mir entgegen kamen; sie waren dabei, den Gegenstoß auszuführen. Ich hatte Glück, daß sie nicht gleich geschossen hatten, sondern erst nach der Parole fragten. Der Pionierzugführer, ein Oberfeldwebel, der das Ritterkreuz trug, fragte mich, wo sich die Russen befinden würden. Ich gab Auskunft, so gut ich das vermochte und ging dann weiter zum Regimentsgefechtsstand. Hier war inzwischen auch alles alarmiert. Nachrichter, Ordonnanzen und Schreiber hatten Stellung zur Nahverteidigung bezogen. Ich erhielt vom Div.-Gruppenadjudanten den Befehl, die Verwundeten, die zum Divisionsgruppengefechtsstand gebracht worden waren, zu verbinden. Der neu zu uns versetzte Arzt, der sich normalerweise im Gefechtsstand aufhielt, befand sich am Hauptverbandsplatz Werba. Nun hatte ich mit einem mal irrsinnig viel zu tun, weil ich der einzige Sanitäter beim Gefechtsstand war. Die Verwundeten waren meist Angehörige meiner Kompanie. Dabei hatte ich noch mit meiner eigenen Erkrankung, vor allem dem hohen Fieber, zu kämpfen. Manchmal wurde mir schwarz vor den Augen und ich ging in die Knie. Gegen Morgen wurde es ruhiger. Die Verwundeten, dabei waren einige Schwerverwundete, wurden in Sankas zum Hauptverbandplatz gebracht. Inzwischen hörte man am Div.Gruppengefechtsstand, daß der Gegenstoß des Regimentspionierzuges erfolgreich gewesen war. Die alte Hauptkampflinie war wieder erreicht und die Russen auf seine Ausgangsstellungen zurückgeworfen worden. Ein Pionierunteroffizier, der das Deutsche Kreuz in Gold trug, war gefallen. Als er zu mir gebracht wurde, konnte ich zunächst gar keine Verwundung bei ihm feststellen. Erst bei einer eingehenden Untersuchung stellte ich fest, daß der Unteroffizier durch einen winzigen kleinen Splitter, der die Schädeldecke durchschlagen hatte, zu Tode gekommen war.

Meine Kompanie hatte die Stützpunkte wieder besetzt. Die zum Div.Gruppengefechtsstand zurück kommenden Pioniere erzählten, daß sie gegen die Russen, die sich am Dubnoer Friedhof festgesetzt hatten, erstmals Panzerfäuste eingesetzt hätten. Bei dem Aufprall der Panzerfaustgeschosse auf die Grabsteine, hätten diese eine enorme Splitterwirkung entfaltet. Die Russen hatten offenbar angenommen, daß sie mit Artillerie beschossen wurden und sich deshalb zurückgezogen. Die Pioniere waren im übrigen der Überzeugung, daß der Feind angesichts der Dunkelheit gar nicht gemerkt hatte, daß er es nur mit den paar Hanseln des Pionierzuges zu tun hatte. Dessen Zugstärke mag etwa dreissig Mann betragen haben; allerdings hatten sich dann auch noch Angehörige meiner Kompanie am Gegenstoß beteiligt. Am nächsten Vormittag, dem 11. Februar kam es zu einem kurzen Gespräch mit dem Div.-Gruppenkommandeur, Oberst-

leutnant Gehrke. Der Kommandeur, ein lang aufge-
schossener hagerer Mann mit wachen hellen Augen,
kam in den Sanitätsbunker, um nach den Verwundeten
zu sehen und nach dem Regimentsarzt, einem Assistenzarzt, „Assi" sagte der Oberstleutnant, zu fragen.
Zu diesem Zeitpunkt waren die Verwundeten jedoch
schon zum Hauptverbandsplatz gebracht worden; nur
der bereits erwähnte gefallene Unteroffizier vom Pionierzug lag, von einer Zeltplane zugedeckt, noch beim
Bunker. Russische Verwundete hatte ich nicht zu versorgen. Diese waren offenbar von ihren Kameraden
beim Zurückgehen in ihre Ausgangsstellungen mitgenommen worden. Eine ganze Anzahl toter Russen lag
jedoch in unserem Kompanieabschnitt. Oberstleutnant Gehrke traf übrigens bei dieser Gelegenheit mit
unserem Kompanieführer zusammen, der in den Sanitätsbunker kam, um sich eine Tetanusspritze geben
zu lassen. Er hatte eine kleine Fleischwunde am linken Oberarm, bei der man sich allerdings nicht ganz
sicher sein konnte, ob sie von Feindeinwirkung oder
einem Unfall herrührte. Ich hatte dabei den Eindruck,
daß der Kommandeur mit den Verteidigungsleistun-
gen von Leutnant Thiess und unserer Kompanie nicht
ganz einverstanden war. Er behandelte Thiess recht
kühl und sagte zu ihm, er solle gleich wieder zu seiner Kompanie gehen, „damit eine solche Schweinerei
wie heute Nacht nicht noch einmal passiert".

Mein Gesundheitszustand hatte sich übrigens innerhalb der letzten turbulenten Stunden irgendwie ge-
bessert. Das Fieber war wie weggeblasen. Ich meldete mich beim Adjutanten, einem Oberleutnant, mit

dem ich in der vorhergehenden Nacht während des Angriffes telefoniert hatte, ab und ging wieder zum Gefechtsstand meiner Kompanie, wo alles beim Aufräumen war. Die Russen hatten einiges mitgenommen und anderes zerstört. Die Kompanietruppangehörigen, unter Einschluß des Kompanieführers, wirkten im übrigen noch ziemlich angeschlagen.

Meine Kommandierung zur 14. Kompanie sollte ohnehin nur noch wenige Tage dauern. Am 13. März kam der etatmäßige Kompaniesanitäter von seinem Urlaub zurück und am gleichen Tage meldete ich mich wieder bei der Stabskompanie zum Dienstantritt. Inzwischen war auch der Regimentsarzt, ein Assistenzarzt, wieder da. Der Arzt war mittelgroß, schwarzhaarig, bullig wie ein Boxer; er war aktiver Sanitätsoffizier. Dem Alter nach mag er Ende der zwanzig gewesen sein. Wir beide versuchten in den nächsten Tagen den Sanitätsbunker etwas wohnlicher, zugleich aber auch zweckentsprechender einzurichten. Ich ging deshalb wiederholt in die Innenstadt, um zu versuchen, in den verlassenen Arzt- und Zahnarztpraxen der Stadt noch das eine oder andere, etwa Bunsenbrenner oder Chromschalen, für den Sanitätsbunker zu „organisieren". In den Straßen der Stadt war niemand zu sehen. Die Tage der Div.-Gruppe 217 in Dubno neigten sich aber dem Ende zu. Der Russe hatte am 15. März in einem Nachbarabschnitt der Korpsabteilung C angegriffen und dort einen tiefen Einbruch erzielt. Unsere Division (die Korpsabteilung C) mußte, wie auch im nach hinein in verschiedenen kriegsgeschichtlichen Publikationen festgestellt wurde, einen zu großen Abschnitt mit viel zu wenigen, abgekämpften und auch unzureichend ausgerüsteten Soldaten verteidigen. Sie war für ihre Aufgabenstellung völlig überfordert.

Am Nachmittag des 16. März sagte mir der Assi, daß in der kommenden Nacht Dubno planmäßig geräumt würde. Möglicherweise seien wir auch schon eingeschlossen. Die Regimentsgruppe 389 würde dann die Rollbahn freikämpfen, auf der sich die Div.Gruppe 217 mit Fahrzeugen und Gefechtstrossen zurückziehen sollte. Gegen Abend sickerte durch, daß der Russe die Rollbahn abgeriegelt habe und diese freigekämpft werden müsse. Als Zeitpunkt des Angriffsbeginns wurde 23 Uhr festgelegt. Wir, die Stabskompanie, sollten als zweite Welle angreifen. Kurz vor 23 Uhr rückten wir ab in die Bereitstellung. Der Ausbruch begann ohne Artillerieunterstützung pünktlich eine Stunde vor Mitternacht. Plötzlich setzte vor uns der Kampflärm ein. Die Stabskompanie ging zügig vor. Aber die 389er hatten schon „klar Schiff gemacht" und die Russen von der Rollbahn geworfen. Zu einer unmittelbaren Feindberührung kam es deshalb nicht mehr. Allerdings erhielten wir ziemlich dichtes MG-Feuer von beiden Seiten der Rollbahn, das bei uns einige „Ausfälle" verursachte. Der Assistenzarzt und ich versorgten die Verwundeten mit Notverbänden. Danach wurden sie, soweit nicht mehr gehfähig, auf die sogenannten „I-Karren", d.h. Fahrzeuge des Infanteriegefechtstrosses, gelegt und beim Ausbruch mitgenommen. Mitgenommen wurden auch die Schwerverwundeten von der Regimentsgruppe 389, die von ihren Kompaniesanitätern schon verbunden worden waren. Der Assi zog einem am Rande der Rollbahn liegenden toten Russen die Pelzweste aus, um so seine Uniform den Bedürfnissen den Winterkrieges anzupassen. Es war eine bitterkalte Nacht, und der Assi trug nur seinen Tuchmantel und keinen gefütterten Winterkampfanzug, mit dem wir alle ausgerüstet waren und der uns sehr zu statten kam. Trotzdem muß ich sagen, daß mir das Vorgehen des Arztes irgendwie an die Nieren ging. Ich war mit diesen rauhen Sitten noch nicht vertraut. Auf der Rollbahn kam es immer wieder zu Stockungen und wir hatten bis Morgen etwa 12 - 15 Km zurückgelegt.

In einem an der Straße gelegenen Katendorf machten wir im Morgengrauen Rast. Der Regimentsnachrichtenzug, dem der Assi und ich zugeteilt waren, verteilte sich auf die entlang der Straße stehenden Häuser. Der Arzt und ich fanden eine Kate, deren Wohnraum noch warm war. Der Ofen war geheizt und wir konnten uns etwas aufwärmen. Erst später stellten wir fest, daß von den geflohenen Bewohnern des Hauses noch ein Familienangehöriger zurück gelassen worden war. Es war ein kranker sehr alter Mann, fast zum Skelett abgemagert. Er lag auf dem Katenofen, und als wir ihn ansprachen, antwortete er mit einem heiseren Gekrächze, das wir nicht verstehen konnten, das aber nach Gestik und Gesichtsausdruck zu schließen eine Flut von Beschimpfungen enthielt. Diese Beschimpfungen konnten sich sowohl gegen uns beide, also die Eiindringlinge, ebenso aber auch gegen seine Familie richten, die ihn allein zurückgelassen hatte. Wir gaben dem Alten etwas von unserer Kaltverpflegung ab - ich weiß noch genau, daß wir zum Komißbrot Fischbüchsen mit Heringen gefaßt hatten. Den kalten Tee aus der Feldflasche hatten wir an der Feuerstelle etwas aufgewärmt. Am Nachmittag zogen wir weiter. Gegen Abend hieß es, wir seien erneut eingeschlossen. Deshalb konnten auch die Verwundeten, einstweilen nicht zum HVP gebracht werden. Der Arzt und ich errichteten einen Behelfsverbandplatz in einer Waldarbeiterhütte, etwas abseits der Rollbahn, inmitten eines umfangreichen Waldgebietes. Die 389er, die erneut den Ausbruch vornahmen, stießen jedoch auf einen sich versteifenden Widerstand. An unserem Verbandplatz waren inzwischen etwa 20 Schwerverwundete zusammengekommen, die verbandsmässig versorgt auf ihren Abtransport zum Hauptverbandplatz warteten. Gegen Morgen kam ein Sanka mit der Nachricht, daß die Rollbahn freigekämpft sei und er einen Teil der Verwundeten mitnehmen könne. Es waren die Schwerstverwundeten, die zunächst abtransportiert wurden. Der Assi begleitete den Transport, um soweit als möglich ärztliche Hilfe zu geben. Ich blieb mit dem Rest der Verwundeten in der Waldarbeiterhütte zurück, die nicht beheizt werden konnte.

Nachdem während der Nacht drei der Verwundeten gestorben waren, warteten mit mir zusammen noch etwa 8 Verwundete auf die Rückkunft des Sankas. Der Sankafahrer hatte mir jedoch gleich gesagt, daß er am Tage die Straße wegen der Feindeinsicht und dem damit im Zusammenhang stehenden Beschuß nicht befahren könne. Er würde erst in der kommenden Nacht zurückkommen. Der Assi rief mir aus dem anfahrenden Fahrzeug noch zu: „Machs gut Georg, wir holen Euch noch." Wir sollten uns nicht mehr wiedersehen. Ich selbst machte mir ohnehin keine große Hoffnung, daß wir noch abgeholt würden. Viel eher rechnete ich damit daß uns die Russen in dem Waldarbeiterhäuschen entdecken und gefangen nehmen würden; wenn sie sich angesichts der hier befindlichen Schwerverwundeten überhaupt soviel Mühe machen würden. Mein Vorrat an Schmerzmitteln ging im Laufe des Tages zur Neige. Der Kampflärm hatte weitgehend aufgehört; es war ruhig geworden. Von den Verwundeten starben im Laufe des Tages noch einmal drei. Einige Verwundete befanden sich im Fieberdelirium und waren desorientiert. Rufe nach der Mutter, der Frau oder den Kindern wurden laut. Ich konnte nichts anderes tun, als beruhigend auf die Verwundeten einzuwirken. Für mich war es ganz gut, daß ich mit den Verwundeten voll beschäftigt war. Dadurch kam ich nicht zum Nachdenken über unsere verzweifelte Lage.

In der zweiten Nacht, gegen Morgen (20. März) trat ein, was ich nicht mehr für möglich gehalten hatte. Der Sanka kam zurück um uns, die in der Hütte Zurückgebliebenen, auch noch abzuholen. Der Hauptverbandplatz war inzwischen nach Brody zurückverlegt worden; dorthin brachte der Sankafahrer die Verwundeten. Ich meine, daß über das stille Heldentum dieser Fahrer, die Nachwelt viel zu wenig weiß. Unterwegs stieg ich aus und kehrte zur Stabskompanie 217 zurück. Der Assi war vom Hauptverbandplatz nicht zurückgekommen, er war bei einem Feuerüberfall russischer Granatwerfer auf den Sanka zusammen mit weiteren im Fahrzeug befindlichen Verwundeten gefallen. Damit war ich, soweit es sich um die sanitätsmässige Versorgung handelte, bei der Stabskompnie wieder allein.

Die nächsten Tage bis Ende März sind mir eigentlich nur als eine einzige Gemengelage von Einkesselung, Freikämpfen und Rückmarsch in Erinnerung. Bei diesen Tag und Nacht andauernden Kämpfen kam man nicht zur Ruhe und schon gar nicht zum Schlafen. Manchmal hatte es den Anschein, als sei alle Mühe, die Russen aufzuhalten und aus den wechselnden Einkesselungen wieder heraus zu kommen, vergebens.

Am 22. oder 23. wurde die Stabskompanie beim Zurückweichen plötzlich aus der Flanke von einem russischen Angriff bedroht, der sich zunächst gegen das links von uns eingesetzte Polizeibataillon richtete. Die Polizisten konnten sich nicht mehr verteidigen und liefen in völliger Auflösung zurück. Damit war unsere Flanke völlig offen geworden und die Russen versuchten uns, die wir uns noch an Ort und Stelle verteidigten, zu vereinnahmen.

Bei uns befand sich der Kommandeur. Mit dem zusammengefaßten Feuer unserer Maschinengewehre und aller uns zur Verfügung stehender Waffen gelang es uns, den Einschliessungsring zu durchbrechen und nach Südwesten in Richtung Brody wieder Anschluß an die Regimentsgruppe 389 zu gewinnen. Dabei habe ich zum ersten Mal, übrigens auch zum letzten Mal, mein Gewehr 98 k benutzt.

Am nächsten oder übernächsten Tag wurde unsere Kompanie als infanteristische Bedeckung einer Batterie des Artillerieregimentes 219 eingesetzt. Es war ein russischer Panzerangriff gemeldet und die Batterie sollte die Panzer im direkten Beschuß angehen. Wir gruben uns etwa 80 m vor den Geschützen Panzerdeckungslöcher und erwarteten den Panzerangriff. Die Geschützstellungen befanden sich auf einer langgestreckten Anhöhe; vor uns ein weitflächiger Talgrund. Unmittelbar nach dem Auftauchen der ersten Panzer vor uns im Grund eröffnete die Batterie das Feuer. Die Panzer schossen zurück. Es waren etwa sechs bis acht T34. Die angreifenden Panzer befanden sich insofern in einer schwierigen Situation, als die Geschütze etwas hinter der höchsten Bodenwelle standen, zudem noch teilweise eingegraben waren, so daß sie keine guten Ziele abgaben. Diese Deckungsmöglichkeiten hatten die Panzer, die ihren Angriff über das offene Gelände vortrugen, nicht. Als zwei der angreifenden Ungetüme in Flammen standen, stellten die Russen den Angriff ein.

Im weiteren Verlauf der Rückzugskämpfe wurde Oberstleutnant Gehrke schwer verwundet. Er stand zusammen mit dem Adjutanten und anderen Offizieren auf einer Wegspinne. Es ging dabei darum, auf einer entfalteten Karte den weiteren Rückzugsweg festzulegen. Plötzlich schlug eine von einem Granatwerfer abgeschossene Granate auf der Wegkreuzung ein. Einschläge von Granatwerfern sind deshalb besonders heimtückisch, weil man keinen Abschuß hört und nur ein plötzliches Zischen den Granateneinschlag ankündigt. Der Kommandeur wurde von einem Granatsplitter an der linken Hüfte schwer verwundet. Ich selbst befand mich zum Zeitpunkt des Granateinschlages nur wenige Meter von Oberstleutnant Gehrke entfernt und habe ihn mit Unterstützung seines Burschen von der Straßenkreuzung, die jetzt unter Granatwerferbeschuß geriet, abseits in Deckung getragen. Da mein Verbandszeug, das ich bei mir trug, für den erforderlichen großflächigen Verband nicht ausreichte, gaben mir andere Offiziere und Soldaten ihre eigenen Verbandpäckchen, um mir das Verbinden der stark blutenden, großflächigen Wunde zu ermöglichen. Danach wurde der Kommandeur von seinem Fahrer auf einem Kettenkrad, dessen Rücksitz sesselartig ausgebildet war (der Beifahrer saß mit dem Rücken zum Fahrer), zum Hauptverbandsplatz gefahren. Der Fahrer sagte mir später, daß sein Chef unmittelbar nach seinem Eintreffen im HVP operiert wurde und die Operation gut überstanden habe. Ob Oberstleutnant Gehrke die schwere Verwundung überlebt hat, habe ich nicht erfahren können.

Brody - Jaryczow-Nowy

Die Führung der Div. Gruppe 217 wurde jetzt vom Kommandeur der Regimentsgruppe 389, einem Major, übernommen. Die Stabskompanie setzte, auf engem Raum zusammengedrängt mit den übrigen Einheiten der Div.-Gruppe, ihren Rückzug in Richtung

Brody fort. Bisher war die Stelle des Regimentsarztes bei der Kampfgruppe nicht wieder neu besetzt worden. Stabsfeldwebel Schidlovski befand sich bereits seit Dubno in Urlaub. Ich war also der einzige Sanitäter bei der Stabskompanie. Es muß wohl gegen Ende März gewesen sein, als ich zwei Schwerverwundete, die ich zuvor verbandsmässig versorgt hatte, zu dem Hauptverbandplatz der Sanitätskompanie 1/219 fuhr. Sankas waren schon seit Tagen nicht mehr zu uns durchgekommen. Als Transportmittel hatte ich einen Panjewagen zusammen mit einem kleinen russischen Pferd organisiert. Der Hauptverbandplatz befand sich im Keller einer Schule in Brody. Ich hatte bis dorthin etwa fünf bis sechs Km zu fahren. Da ich mir nicht sicher war, ob mir das Pferd beim Fahren mit dem Leitseil vom Wagen aus gehorchen würde, nahm ich das Tier vorsorglich beim Halfter und führte es. Das war auch gut so. In der Nähe von Brody geriet ich mit meinem Gespann plötzlich in den Feuerüberfall einer „Stalinorgel". Dieses russische Salvengeschütz war ähnlich konstruiert wie unsere Do-Werfer. Die Stalinorgel konnte mit einem Schlag eine ganze Anzahl von Geschossen abschießen. Es war so, als wenn ich in die Hölle geraten wäre. Überall schlugen auf einmal Granaten ein. Der Feuerüberfall war mit einer wahnsinnigen Geräuschkulisse verbunden Ich hatte keine Hoffnung, aus diesem Inferno heil herauszukommen. Aber plötzlich war der Feuerüberfall beendet und es wurde ruhig. Weder die beiden Verwundeten, noch das Pferd oder der Wagen waren zu Schaden gekommen. Es war so, daß von der Korpsabteilung C nur ein dünner Schlauch in Richtung Brody gehalten wurde. Ebenso war Brody selbst praktisch eingekesselt. Als ich mit meinem Transport am HVP eintraf, lagen weit über hundert Verwundete in den Kellerräumen der Schule, die wegen der Einkesselung bisher nicht abtransportiert werden konnten. Brody vermittelte im Gegensatz zu Dubno den Eindruck einer richtigen Stadt mit einer Reihe mehrgeschossiger und recht ansprechender Häuser. Um die Rollbahn von Brody in Richtung Lemberg freizukämpfen, wurde ein Panzerverband der 8. Panzerdivision, die Kampfgruppe Friebe (benannt nach ihrem Kommandeur Oberst Friebe) eingesetzt. Diesem Verband gelang es, den Ring um Brody zu öffnen, um so einmal den Abtransport der Verwundeten, aber auch die Versorgung der im Raum Brody kämpfenden Korpsabteilung C mit Munition und Lebensmitteln sicherzustellen. Dieser Durchbruch gelang am 31. März 1944. Die Kämpfe im Raum Brody wogten hin und her. Anfang April ließ jedoch die Kampftätigkeit nach. In den nun folgenden Apriltagen hielt unsere Div. Gruppe einen Frontabschnitt beiderseits Brody. Die Front war jetzt ruhig. Inzwischen war auch die Regimentsarztstelle bei der Div.Gruppe wieder besetzt worden: Ein junger Feldunterarzt kam zu uns, mit dem ich mich von Anfang an sehr gut verstand. Wir errichteten in einem allein stehenden Haus, etwa 2 Km hinter der Front, einen Verbandplatz ein, verbunden mit einem sogenannten „Ortslazarett".

Das Ortslazarett hatte vor allem den Auftrag, kranke Soldaten halbwegs gesund zu pflegen, so daß sie wieder in der HKL eingesetzt werden konnten, ohne sich einer stationären Behandlung im Feldlazarett zu unterziehen. Es handelte sich dabei, wie bereits erwähnt, im wesentlichen um zwei Krankheitsformen, mit denen wir es zu tun hatten. Das war einmal das wollynische Fieber, von dem ich selbst schon in Dubno befallen worden war, und zum anderen um die Furunkulose, die bei unseren Soldaten geradezu den Charakter einer Epidemie angenommen hatte. Was das wollynische Fieber anbelangt, verhielten sich die Dinge so, daß die Kranken im Prinzip bei der Truppe bleiben mußten und nicht zurück zum HVP oder zum Feldlazarett gebracht werden durften.

Die medizinische Behandlung bestand darin, daß die Kranken einer „Stoßbehandlung" mit Aspirin unterzogen wurden. Am ersten Tage erhielten sie 10 Tabletten, am zweiten Tage und den folgenden Tagen jeweils zwei weniger, bis die Behandlung am 5. Tage mit nochmals zwei Tabletten abgeschlossen wurde. Nun war es aber so, daß sich der Krankheitsverlauf keineswegs einheitlich gestaltete. Manche Patienten waren zwar schon am 3. oder 4. Tag wieder fieberfrei und damit im Wesentlichen wiederhergestellt. Bei manchen Patienten, war der Verlauf der Krankheit aber sehr viel problematischer; sie hatten über Tage hin hohes Fieber, das auch durch eine Wiederholung des „Aspirinstoßes" kaum zu beeinflussen war. Bei der Furunkulose, gab es gleichfalls milde Erscheinungsformen mit einem oder zwei bis drei flach angesetzten Furunkeln. Bei manchen Kranken war aber der ganze Rücken befallen, so daß Furunkel neben

Furunkel saß. Die Furunkelose wurde mit Ichthiolver-
bänden behandelt. Bei den Komplikationsformen bei-
der Erkrankungen war es sowohl für die Erkrankten
selbst, aber auch für die Truppe eine wesentliche Verbesserung, wenn eine Art stationäre Behandlung in einem geheizten Raum mit einem Mindestmaß von hygienischen Bedingungen erfolgen konnte.

Wir hatten im Ortslazarett ständig etwa -acht bis
zwölf Soldaten mit den vorgeschilderten Erkrankungen zu behandeln. Der Feldunterarzt war der Chef des
Unternehmens und ich sein Gehilfe. Außerdem war
dem Ortslazarett noch ein Entlausung angeschlossen,
die von einem hierzu abgestellten Pionier zunächst er-
stellt und dann auch betrieben wurde. Ich bin bei dieser Entlausung übrigens meine Läuse losgeworden,
die mich bis dahin grausam verbissen hatten. Wir drei
verstanden uns recht gut. Erst gegen Ende des Monats
April kam Schidlovski von seinem Urlaub zurück.
Bei einem Gespräch mit dem Stabsfeldwebel erfuhr
ich, daß von den im Februar zur Divisionsgruppe 217
gekommenen Angehörigen unserer Bückeburger
Marschkompanie nicht mehr viele übrig geblieben
waren. Bei den Rückzugskämpfen von Dubno nach
Brody waren sie meist gefallen, verwundet oder vermißt. Obergefreiter Möller war gefallen. Mein Freund
Heinrich Becker aus Bad Orb, der mit mir zusammen
in der Ausbildungskompanie in Hofgeismar gewesen
war, war schwer verwundet worden.

Ich war ganz perplex, als der Arzt Schidlovski mir
am 29. April einen Divisionsbefehl zeigte, mit dem
der Divisionsarzt einige Versetzungen von Sanitäts-

personal innerhalb der Korpsabteilung C angeordnet hatte: Stabsfeldwebel Schidlovski und ich wurden beide mit Wirkung vom 1. Mai 1944 zur Sanitätskompanie 1/219 versetzt. Wer meine Versetzung zu dieser rückwärtigen Einheit veranlaßt hatte, ist mir nicht bekannt geworden. Ich nehme an, daß sich sowohl Schidlovski, als auch der damalige Regimentsarzt der Divisionsgruppe 217, mit dem ich bis zu seinem Weggang beim Rückzug von Dubno nach Brody zusammen war, um diese Versetzung bemüht hatten. Am 30. April feierten wir zusammen mit dem Regimentsarzt Abschied im Ortslazarett. Schidlovski, der immer einen guten Tropfen trank, hatte dazu etwas an Alkoholitäten organisiert und am 1. Mai, einem sonnigen Frühlingstag, machten wir zwei uns auf den Weg zu unserem neuen Wirkungskreis.

Die Sanitätskompanie 1/219 war teilweise bespannt und teilweise motorisiert. Der motorisierte Teil lag in Brody und betrieb dort den von mir schon erwähnten Hauptverbandplatz; der bespannte Teil zusammen mit dem Kompaniechef und dem Geschäftszimmer befand sich in Jaryczow-Nowy, etwa 20 Km westwärts Brody; dorthin waren wir versetzt. Die Kompanie betrieb in Jaryczow-Nowy ein Ortslazarett und ein Erholungsheim. Beide Einrichtungen waren im Schloß Jaryczow untergebracht. Wir zwei, Schidlovski und ich, machten uns also in der Frühe des 1. Mai auf den Weg, Schidlovski voll bepackt mit vielerlei Gepäck, angefangen vom Tornister, bis zu den beiden Packtaschen, die in gleicher Weise prall gefüllt waren. Was meine Person anbelangte, so reiste ich mit

leichtem Gepäck. Ich hatte nur das sogenannte Sturm-
gepäck bei mir. Das war eine Packtasche, Wäschebeutel genannt, die in einem Tragegestell auf dem
Rücken getragen wurde. Das große Gepäck (Tornister
und eine weitere Packtasche) waren nach meinem
Eintreffen bei der Divisionsgruppe 217 zum sogenannten Ferntross gekommen. Der Ferntross mit allem Gepäck soll, wie später mitgeteilt wurde, bei den
Rückzugskämpfen im Frühjahr 1944 vom Russen ver-
einnahmt worden sein. Ich habe jedenfalls von meinem dorthin abgegebenen Gepäck nichts mehr gehört
oder gesehen.

Wir zwei Reisende hatten übrigens alsbald die
Möglichkeit, einen auf der Rollbahn fahrenden LKW
anzuhalten und mit diesem nach Jaryczow-Nowy zu
fahren. Nachmittags trafen wir dort ein und meldeten
uns beim Chef der Sanitätskompanie, Oberstabsarzt
Dr. Englert, einem Gynäkologen, der in der Gegend
von Nürnberg zu Hause war. Englert war ein großer
massiger Mann, etwa 1,90 m groß, 2 Zentner schwer,
einem roten Gesicht, einer nahezu blauroten Nase und
einigen Mensurblessuren. Bei der Meldung stellte
sich heraus, daß Schidlovski den Auftrag hatte, bei
der Sanitätskompanie einen vierten Zug, nämlich einen sogenannten Gas-Entgiftungszug, aufzustellen,
dessen Zugführer er wurde. Ich wurde gleichfalls zu
diesem Zug versetzt.

Im Gegensatz zu meinem Einsatz bei der Div.-
Gruppe 217, bei dem man fast täglich mit einer neuen
Situation konfrontiert wurde und das Damokles-
schwert einer Einkesselung und einer Vereinnahmung

durch die Russen ständig über einem hing, stellte sich mein neuer Wirkungskreis als ein solcher mit nahezu friedensmässigen Gegebenheiten dar. Morgens Antreten der Kompanie und Einteilung durch den Spieß, einem vierschrötigen Zwölfender mit solidem Bauch und einem ständig geröteten, etwas verschwollenen Gesicht. Die hohe Stimmlage des Hauptfeldwebels stand mit seiner massigen Gestalt überhaupt nicht in Einklang. Ich wurde allerdings von diesem Antreten zur täglichen Arbeitseinteilung nur zwei bis drei Tage berührt. Dann erhielt ich ein ständiges Kommando zur Mitarbeit in der Fernsprechzentrale der Kompanie. Diese war bis dahin mit einem Unteroffizier namens Schmidt und einem Obergefreiten besetzt, der sich Johann Schröppel schrieb.

Ich war also nun der dritte Mann in der Vermittlung. Mit dem Klappenkasten - alle Verbindungen wurden durch „Stöpseln" der Leitungen hergestellt - war ich bald vertraut. Dies hing damit zusammen, daß ich bereits beim Arbeitsdienst beim Gruppenstab mit einer ähnlichen Apparatur zu tun gehabt hatte. Abgesehen davon war die Handhabung bzw. die Herstellung der Vermittlungen ohnehin verhältnismäßig einfach. Zusätzlich zu meiner Tätigkeit in der Vermittlung war ich noch Stabsfeldwebel Schidlovski als Schreiber und Putzer zugeteilt. Da es bei ihm nichts zu schreiben gab, beschränkte sich meine Tätigkeit für ihn auf die des Putzers. Im wesentlichen ging es dabei darum, morgens die langen Reitstiefel auf Hochglanz zu bringen und gelegentlich die Uniform auszubürsten. Lezteres war schon deshalb schwierig,

weil Schidlovski, so wie wir alle, nur eine Uniform
hatte und diese naheliegenderweise meist am Leibe
trug.

Alles in allem war der Einsatz in Jaryczow eine
schöne Zeit. Der Dienst am Klappenschrank war nicht
sonderlich anstrengend. Die von der Sanitätskompanie ausgegebene Verpflegung war gut und reichlich.
Mit Feindeinwirkung hatten wir es überhaupt nicht
mehr zu tun. Die etwa 20 Km entfernte Front machte
sich nur zeitweilig durch ein leises Grummeln be-
merkbar. Die Bevölkerung war uns nicht feindlich ge-
sonnen. Es waren meist Ukrainer, von denen zumindest die Älteren, die noch während der k.u.k.-Zeit
(k.u.k Zeit = Zeit der Zugehörigkeit zur kaiserlich -
königlichen Monarchie Österreich -Ungarn) gelebt
hatten und etwas deutsch sprachen. Galizien hatte ja
bis 1918 zu Österreich-Ungarn gehört. Mit dem im
Nachbarhaus wohnenden „Pan", einem Mann um die
sechzig, hielt ich guten Kontakt. Von ihm bekam ich
gegen Salz und Zucker Eier, die unseren Speiseplan
bereicherten. Mit den Kollegen von der Schreibstube,
einem älteren Obergefreiten aus Sonneberg in Thürin-
gen und dem aus Wesermünde stammenden Harry
Hagenah, ebenfalls einem Obergefreiten, freundete
ich mich alsbald an. Harry war vor seiner Einberufung Verwaltungsangestellter bei der Stadt Bremerha-
ven gewesen.

Gelegentlich wurde ich auch vom Spieß zur Mitarbeit angefordert, wenn der Schreibstubenbetrieb
dies angezeigt erscheinen ließ. Ich glaube, daß der
Spieß mit meiner Arbeit zufrieden war, denn er brach-

te dies wiederholt nicht nur mir gegenüber, sondern auch beim Kompaniechef - wie ich dies von dessen Fahrer und Burschen erfuhr - zum Ausdruck. Die Front, die sich seit Anfang April im Raum Brody gefestigt hatte, war ruhig. Deshalb war auch der Verwundetenanfall relativ gering.

Am stärksten war das im Schloß Stary-Jaryczow befindliche Divisionserholungsheim belegt. An Pfingsten fand in Jaryczow-Nowy ein Sportfest statt, an dem sich sowohl unsere Kompanie als auch die Zivilbevölkerung beteiligte. Höhepunkt war ein Fußballspiel bei dem unsere Soldaten gegen eine einheimische Mannschaft spielten. Wenn ich mich recht erinnere, ging das Spiel unentschieden aus. Von Partisanen war bei uns nichts zu bemerken. Auch dann nicht, als sich das Verhältnis unserer Kompanie zu der einheimischen Bevölkerung verschlechterte. Dies war darauf zurückzuführen, daß in der zweiten Junihälfte, ohne daß wir im Vorfeld davon Kenntnis erhielten, von der deutschen Zivilverwaltung eine Aktion gestartet wurde, die die Erfassung und den Abtransport aller jüngeren Leute zwischen 18 und 40 Jahren zum Ziel hatte. Da sich viele diesem Abtransport ins Reich zu entziehen versuchten, artete dies in eine regelrechte Menschenjagd aus. Ansonsten ging das zivile Leben in Jaryczow weiterhin seinen Gang. Morgens und abends fanden Gottesdienste statt. Die Kirche war immer gut besucht. Ich selbst habe auch einige Male am Gottesdienst teilgenommen.

Ende Juni wurden Schreibstube und Fernsprechvermittlung in einem Haus zusammengelegt. Wie gut sich das Verhältnis zwischen den Angehörigen unserer Vermittlung bezw. der Schreibstube einerseits und den benachbarten einheimischen Familien darstellte, geht auch daraus hervor, daß mir die beiden Enkelkinder des schon erwähnten in unserer Nachbarschaft wohnenden Pan zu meinem 19. Geburtstag am 29. Juni 1944 einen großen Feldblumenstrauß brachten.

Ende Juni und Anfang Juli war die Kampftätigkeit in unserem Divisionsabschnitt und darüber hinaus im Abschnitt des XIII. Armeekorps, zu dem die Korpsabteilung C gehörte, wieder stärker in Gang gekommen. Unbeschadet dessen schien die Stimmung der Soldaten an der Front gut zu sein. Wir erfuhren dies immer aus erster Hand durch die Soldaten, die zu einem meist 10tägigen Erholungsaufenthalt in das Divisionserholungsheim in Stary-Jaryczow eingewiesen wurden. Dort traf ich auch wiederholt Angehörige der Stabskompanie der Div.-Gruppe 217 und der 14. Kompanie des gleichen Regiments, bei der ich im Februar/März den in Urlaub befindlichen Kompaniesanitäter vertreten hatte. Gleichwohl wurden auch in unserem Kampfabschnitt Vorkehrungen zur Abwehr eines erwarteten russichen Großangriffs getroffen. Mit einem solchen Angriff mußte man schon deshalb rechnen, weil im Mittelabschnitt am 21. Juni die russische Großoffensive begonnen hatte und dort zu einem völligen Zusammenbruch der Front geführt hatte. In den ersten Julitagen richtete unsere Sanitätskompanie im Bereich Brody einen zusätzlichen vorgeschobenen Hauptverbandplatz ein, wozu ein Teil unserer in Jaryczow liegenden Kompanie in Zugstärke unter der Führung von Stabsfeldwebel Schidlovski in Marsch gesetzt wurde. Für Schidlovski war es eine Selbstverständlichkeit, daß ich bei ihm bleiben und mit ihm zusammen nach Brody gehen würde. So hatte ich mir dies auch gedacht. Hierzu verweigerte jedoch der Spieß seine Zustimmung; auch eine Intervention von Schidlovski beim Kompaniechef änderte daran nichts. Durch meine Tätigkeit bei der Vermittlung und der Schreibstube war ich bei der Kompanie „unabkömmlich" geworden.

Sanitätskompanie 2/219 Korpsabteilung C. Der Kompnietrupp in Jarycow - Nowy, Juni 1944

Am Abend des 3. Juli wurde die Abteilung zusammen mit verschiedenen Einrichtungen für den vorgeschobenen HVP auf drei LKWs verladen und in Marsch gesetzt. Bei der Abfahrt winkte mir Schidlovski noch aus dem Führerhaus zu. Ich sollte ihn nicht wiedersehen.

Am 9. Juli fand unter freiem Himmel ein gut besuchter evangelischer Feldgottesdienst mit Abendmahl statt. Die Predigt hielt unser evangelischer Divisonspfarrer. Die Julitage des Jahres 1944 waren in Galizien heiß und trocken. Im Vordergrund standn für mich damals der Wehrmachtsbericht, der sich mit den Kampfhandlungen an der Invasionsfront in Frankreich und mit dem Zusammaenbruch der Heeresgruppe Mitte an der Ostfront befaßte. Cherbourg, in dem ich vor Jahresfrist noch im Reichsarbeitsdienst gewesen war, wurde wiederholt als hartumkämpfte Festung erwähnt.

Zur Monatsmitte begann dann auch bei uns im Süden der Ostfront der russische Angriff. Der Raum Brody und damit der Kampfabschnitt der Korpsabteilung C und des XIII. Armeekorps blieb allerdings zunächst ausgespart. Südlich und nördlich unseres Korpsabschnittes wurden aber von den Russen tiefe Einbrüche erzielt, sodaß bereits ab dem 17. Juli die beiderseits Brody durchgebrochenen feindlichen Panzerkeile damit begannen, hinter dem XIII. Armeekorps nach Süden und Norden vorzustoßen und sich so zu vereinigen. Am 18. Juli wurde der Kessel um Brody, in dem sich das gesamte XIII. AK befand, von den Angreifern geschlossen. Wir konnten die Entwicklung anhand des Verkehrs auf der Rollbahn Lemberg - Brody, die durch unseren Ort führte, gut verfolgen. Zunächst war auf der Rollbahn reger Verkehr, bei dem es sich vor allem um Nachschub für die Front handelte. Dieser Verkehr kam praktisch ab dem 17. Juli zum Erliegen. Am gleichen Tage stellte unser Kompaniechef eine kleine Kampfgruppe aus Kompanieangehörigen zusammen, zu der auch ich eingeteilt wurde. In der Nacht vom 17. zum 18. Juli war ich zur Wache eingeteilt. Wir hielten einen kleinen Stützpunkt, etwa 500 m ostwärts von Jaryczow-Nowy, unweit der Rollbahn gelegen, besetzt. Die Nacht verlief ruhig. Wir rechneten an sich mit russischen Angriffsspitzen, die möglicherweise auch im Rücken des Einschliessungsrings in Richtung Lemberg auftauchen konnten. Dies war aber nicht der Fall. Offenbar hatten die Russen genug mit den Kampfhandlungen an der Einschliessungsfront zu tun, zumal die im Kessel befindlichen deutschen Truppen nach Südwesten auszubrechen versuchten.

Am frühen Morgen des 18. Juli wurde Jaryczow von einem russischen Kampffliegerverband angegriffen. Dadurch, daß wir sofort in die bereits vorbereiteten Splittergräben sprangen, hatten wir keine Ausfälle. Im Laufe dieses Tages begannen wir mit der Räumung von Jaryczow; d.h. wir verluden die diversen Einrichtungen der Sanitätskompanie. Wir vom Fernsprechtrupp rollten die Leitungen auf und brachten Apparate und Kabel auf dem Fernsprechwagen unter. Wir hatten es dabei immer wieder mit einzelnen Angriffen von russischen Kampfflugzeugen zu tun, die aber keinen nennenswerten Schaden anrichteten. Dies war um so verwunderlicher, als wir keinerlei Flugabwehr, weder Flak noch MG., einsetzen konnten - wir hatten keine.

Rückzug

Bei Einbruch der Dunkelheit setzte sich die Sanitätskompanie 2/219 aus Jaryczow ab. Die Bewohner des
Ortes waren irgendwie verschwunden; wir sahen keine mehr. Der Futtermeister unserer Kompanie, Feldwebel Hüttl, hatte bereits in den letzten Tagen einen
Rückzugsweg für unsere bespannte Kolonne erkun-
det, der abseits der Rollbahn nach Nordwesten führte.
Wir hatten schon den ganzen Tag über sorgenvoll
nach Osten geschaut, immer wieder mit den Russen
rechnend. Nun zog unsere bespannte Kolonne mit beginnender Abenddämmerung auf schmalen sandigen
Wegen rasch nach Nordwesten. Die schweren Kalt-
blüter legten sich stampfend und schnaubend in die
Ketten. Wir hatten bei der Kompanie einen wunder-
baren Pferdebestand: im wesentlichen belgische Kalt-
blüter, die die schwer bepackten HF-1-Wagen (HF 1
= Heeresfahrzeug 1) unermüdlich und ohne Rast über
die manchmal recht grundlosen Nebenwege zogen.
Dabei hatten wir noch insofern Glück, als es schon
seid Wochen nicht mehr geregnet hatte und deshalb
die Feldwege recht trocken waren.

So sehe ich unsere Kolonne noch heute durch die
Nacht ziehen. Vorneweg der Futtermeister, Feldwebel
Hüttl aus dem Fränkischen, unerbittlich das Tempo
bestimmend, dann die Fahrer mit ihren halblauten
rauhen Zurufen an die Pferde, das Geknarz der Fahrzeuge, das Quietschen der Kummete und des Lederzeugs, ab und zu ein Feuerschein in der Ferne. Weil es
darum ging, einen möglichst großen Abstand zu den

vorgehenden Russen zu gewinnen, wurde die ganze
Nacht und auch der nächste Tag fast ohne Pause marschiert. Allmählich fielen Pferde und Menschen in einen torkelnden Marsch. Die meisten Landser schliefen im stumpfen Dahintrotten. Erst am Abend des 19.
Juli machten wir in einem kleinen Dorf abseits der
Hauptstraße eine längere Rast. Erstaunlich war, daß
wir während des ganzen Tages nicht von russischen
Flugzeugen angegriffen worden waren.

Unterdessen war unser Kompaniechef mit seinem
offenen schweren Wanderer-PKW, der einen graugrü-
nen Tarnfarbenanstrich hatte, schon vorausgefahren
und hatte Verbindung mit der Quartiermeisterabteilung unserer Division aufgenommen, die ebenso wie
wir (als bespannte Sanitätskompanie) und einige andere Divisions-Versorgungseinheiten außerhalb des
Kessels geblieben war. Von dort aus erhielt unsere
Kompanie auch die weiteren Rückzugsbefehle. Ich
weiß nicht mehr genau, ob es am dritten oder vierten
Tag unseres Marsches war, als Oberstabsarzt Dr. Englert von der Qu-Abteilung den Befehl mitbrachte, daß
einige Soldaten unserer Kompanie zu dem in der
Nähe befindlichen Qu-Stab in Marsch gesetzt werden
sollten, weil der Divisionsnachschubführer dort eine
Kampfgruppe zusammenstellen würde. Wir waren etwa 10 bis 12 Landser unserer Kompanie die am gleichen Tage von einem LKW der Division abgeholt und
zur Qu-Abteilung gebracht wurden. Was mich anbelangt, so lag bei mir bei der Abstellung zu der Kampfgruppe insofern ein Mißverständnis vor, als ich an-
nahm der Qu-Stab, zu dem wir abgestellt wurden, hät-

te etwas mit dem Abtransport der zahlreichen Kuh-
herden zu tun, die von landwirtschaftlichen Sonder-
führern mit Unterstützung von Angehörigen der Organisation Todt nach hinten gebracht wurden. Ganz
einfach: die Bezeichnung „Qu" wurde von mir mit
„Kuh" verwechselt. Der Irrtum klärte sich allerdings
alsbald auf. Wir wurden als eine Art Alarmeinheit
„Kampfgruppe Saldern" in der Größenordnung von
etwa 200 Soldaten auf LKWs verladen und zur Bil-
dung eines dünnen Schützenschleiers in nordwestliche Richtung gefahren. Führer der Kampfgruppe war
ein Hauptmann Saldern.

Mit etwa 20 Leuten wurde ich am Stadtrand von
Jaroslau eingesetzt. Hier stand uns erstmals ein MG
zur Verfügung, wobei ich allerdings den Eindruck hatte, daß keiner der Soldaten, die aus den rückwärtigen
Diensten, wie Bäckerei- und Schlächtereikompanie
usw. kamen, im Umgang mit dieser Waffe Erfahrung
hatte. Am Stadtrand von Jaroslau wurden wir Zeuge
eines Luftangriffs auf den Stadtkern, an dem etwa 20
bis 30 russische Bomber beteiligt waren. Ich bin mir
allerdings gar nicht sicher, ob sich zu diesem Zeitpunkt überhaupt noch deutsche Soldaten in Jaroslau
befanden. Die Abstellung zur Kampfgruppe Saldern
dauerte eine knappe Woche. Wir wurden im wesentlichen zu Erkundungen und Aufgaben des Flanken-
schutzes eingesetzt; zu eigentlichen Feindberührun-
gen kam es nicht. Dann wurde diese Alarmeinheit
wieder aufgelöst und ich kam zusammen mit den
übrigen von der Sanitätskompanie abgestellten Soldaten wieder zur Kompanie zurück.

Die Sanitäts-Kompanie, zu der wir wieder mit einem LKW verbracht wurden, war inzwischen weitermarschiert und befand sich nunmehr auf dem Marsch
in südwestlicher Richtung. Nach unserer Ankunft bei
der Kompanie erfuhren wir bei einem Kompanieappell, daß auf Adolf Hitler in seinem Hauptquartier
„Wolfsschanze" ein Attentat verübt worden war.
Nähere Einzelheiten wurden nicht mitgeteilt; im
Grunde genommen waren uns diese auch recht
gleichgültig. Zumindest bei unserer Kompanie bestand zu dieser Zeit schon viel Gleichgültigkeit und
auch Müdigkeit - Kriegsmüdigkeit. Dann ging es wieder weiter. Die meisten Landser - so hatte ich den Eindruck - bedauerten eher, daß das Attentat keinen Erfolg gehabt hatte.

Es waren heiße Sommertage im Juli 1944 in Galizien. Wir marschierten Tag für Tag. Nur mittags in der
prallen Hitze wurde gerastet. Die sommerliche Hitze
lag wie eine Dunstwolke über der Landschaft, die
zunächst flach und eintönig gewesen war, jetzt aber,
als wir uns mehr und mehr den Ausläufern der Beskiden näherten, hügeliger und auch bewaldeter wurde.
Am Abend übernachteten wir in kleinen Dörfern oder
Weilern, die an unserem abseits der Rollbahn verlaufenden Rückzugsweg lagen. Immer noch fuhr Dr.
Englert mit seinem „Wanderer" Tag für Tag der Kolonne voraus und legte Marschroute und Übernachtungsplätze fest. Im Quartier angekommen kontrollierten Futtermeister und Beschlagunteroffizier als erstes den Beschlag und die Hufe der Pferde. Dann wurden Mensch und Tier versorgt. Die Kompanie erhielt

warmes Essen, das von der mitgeführten Feldküche gekocht wurde.

Am 30. Juli erreichten wir unser vorläufiges Ziel. Es war das kleine Dorf Dubrowa, einige Km südwestwärts von Neu-Sandez gelegen. Es war zwar zunächst verlautbart worden, wir würden im Zusammenhang mit der Neuaufstellung der Division ins Reich und zwar auf den Truppenübungsplatz Wildflecken in der Rhön verlegt. Diese Information sollte sich jedoch nicht bewahrheiten. Die Korpsabteilung C bzw. ihre Reste wurden aufgelöst. Unsere Sanitätskompanie, die seither die Nr. 1/219 getragen hatte -(sie gehörte ursprünglich zur 217. Inf.Div.), wurde nun Armee-Sanitätskompanie mit der Nr. 819.

Wir wären zwar lieber ins Reich gekommen, weil wir dann auch die Chance auf einen Urlaub sahen. Aber wir nahmen auch die jetzt getroffene Entscheidung mit Gleichmut hin. Gleichwohl sollten wir später feststellen, daß die Umwandlung unserer Kompanie in eine Armeetruppe für die jüngeren Kompanieangehörigen insofern von Bedeutung werden sollte, als alle Soldaten, die jünger als Jahrgang 1908 waren, von der Kompanie zur kämpfenden Truppe versetzt wurden. Dies sollte sich aber erst später ergeben. Die Kompanieangehörigen, die auf dem Hauptverbandsplatz Brody eingesetzt waren - etwa 100 Mann - waren zum weitaus größten Teil im Kessel geblieben und gefallen oder vermißt. 21 Kameraden hatten sich durchgeschlagen und kamen nun wieder zur Kompanie zurück. Dabei waren aber keine vom 4. Zug der Kompanie, die Anfang Juli nach Brody in Marsch ge-

setzt worden waren. Auch Stabsfeldwebel Schidlovski, der Zugführer, blieb vermißt. Ich war der Einzige
der vom 4. Zug der Sanitätskompanie 1/219 übrig geblieben war.

Frau Schidlovski, die in Lötzen in Ostpreussen
wohnte, schrieb später an unsere Kompanie, um nähere Einzelheiten über die Umstände des „Vermisstwer-
dens" ihres Mannes zu erfahren. Da ich eigentlich der
einzige Kompanieangehörige war, der mit dem Stabsfeldwebel schon vor seiner Versetzung zur Sanitätskompanie zusammen gewesen war, übergab mir der
„Spieß" nach der offiziellen Beantwortung des
Schreibens durch die Kompanie, den Brief mit der
Bitte Frau Schidlovski ein paar persönliche Zeilen zu
schreiben. Das habe ich dann auch getan, wenn ich ihr
auch naheliegender Weise keine Einzelheiten mittei-
len konnte.

In Dubrowo wurde ich Anfang August 1944 zum
Gefreiten befördert. Mitte August war unsere Sanitätskompanie wieder einsatzbereit. Sie war ebenso
wie vor der Einkesselung bei Brody wieder in zwei
Abteilungen gegliedert: die motorisierte Abteilung,
die mit Lastwagen voll ausgestattet war, und den bespannten Teil mit Pferden und Wagen.

Gorlice

Ende August wurde die Kompanie wieder frontwärts,
und zwar nach Gorlice, verlegt. Ich marschierte mit
dem bespannten Teil. Auch bei diesem Marsch wurden wir von russischen Flugzeugen nicht angegriffen.

Wir waren zwei Tage unterwegs, bevor wir Gorlice erreichten. Der motorisierte Teil der Kompanie hatte bereits mit der Einrichtung des Hauptverbandsplatzes begonnen. Zusammen mit Unteroffizier Schmidt und Kamerad Schröppel übernahmen wir als Fernsprechtrupp der Kompanie eine ehemalige Armeevermittlung, die im Landratsamt untergebracht war. Gorlice, eine Provinzstadt, die noch stark von der k.u.k.-Zeit geprägt war, hatte damals etwa 25 bis 30 000 Einwohner. Die öffentlichen Gebäude in der Innenstadt waren mit dem charakteristischen „theresiengelb" gestrichen. Die Farbe war noch erkennbar, wenn sie auch bereits sehr verblichen war. Nach der Einrichtung der Vermittlung wurde der Telefondienst im Wesentlichen von meinen beiden Kameraden wahrgenommen, während ich fast ständig auf der Kompanieschreibstube eingesetzt war. Dies hing damit zusammen, daß unsere Kompanie nicht nur die Abwicklung der Sanitätskompanie 1/219, sondern die gleiche Aufgabe auch für die zweite Sanisätskompanie der Division, der San.Kp. 2/219, die voll motorisiert und zur Gänze im Kessel von Brody geblieben war, übernommen hatte. Im Ergebnis bedeutete dies zunächst, daß wir einige hundert Benachrichtigungen von Angehörigen der im Kessel gebliebenen Kompanieangehörigen mit der Hand zu schreiben hatten; Handschreiben war vorgeschrieben. Dies brauchte seine Zeit.

Außerdem hatten wir eine Menge mit den beginnenden Versetzungen der Jahrgänge 1908 und jünger von unserer nunmehr zur Armeetruppe gewordenen

Kompanie zu den Fronteinheiten zu tun. Wir hatten in ca.130 Fällen die erforderlichen Marschpapiere fertig zu machen. Die Versetzungsaktion erstreckte sich bis November 1944. Zu guter Letzt waren wir nur noch 17 Kompanieangehörige, die jünger als Jahrgang 1908 waren. Zu diesen gehörten die Ärzte, der Spieß, Harry Hagenah von der Kompanieschreibstube und ich. Von Anfang Oktober bis zum 26. November wurde ich als Schreiber zur Ortskommandantur Gorlice abgeordnet. Ich übernahm die Schreibarbeiten für den Ortskommandanten, einen schon älteren gesetzten grauhaarigen Reservemajor, mit dem gut auszukommen war. Ich ging nun täglich von unserer Unterkunft im Gebäude der Kreissparkasse zur Ortskommandantur und kam dabei über den Marktplatz, an dem ständig Markt war, quer durch die Innenstadt zum Kommandanturgebäude. Dadurch, aber auch durch meine Tätigkeit im Vorzimmer des Ortskommandanten, erhielt ich zwangsläufig einen größeren Kontakt zur einheimischen Bevölkerung. Ich mußte mein Gewehr immer bei mir haben. Aber ich kam zu keiner Zeit in die Verlegenheit, es auch zu gebrauchen. Bis in die Stadt hinein wurde die Tätigkeit der Partisanen, die sich draußen in den Wäldern aufhielten, nicht spürbar.

Auf dem Markt wurde alles mögliche, in großem Umfang auch gebrauchte Kleidung, verkauft. Die Preise waren hoch; die polnische Währung hatte nur noch geringe Kaufkraft und neue Waren wurden kaum noch hergestellt. Nur die Zeitungen für die einheimische Bevölkerung wurden täglich angeboten. Ein besonderes Problem stellte für die Bevölkerung offenbar die Beschaffung des Brennmaterials dar. Auch mit dem Essen war es nicht weit her. Ich glaube aber nicht, daß die Menschen verpflegungsmässig wesentlich schlechter versorgt waren als die deutsche Bevölkerung bei uns zu Hause.

In der zweiten Novemberhälfte wurde zuerst der Fernsprechtruppführer, Unteroffizier Schmidt, und in der Folge dann auch sein Gehilfe, Obergefreiter Johann Schröppel, der aus dem Schwäbischen stammte und ein passionierter Landwirt war, zur kämpfenden Truppe versetzt. Dies bedeutete auch für mich einen Einschnitt in meine Verwendung. Die Tätigkeit bei der Ortskommandantur mußte ich aufgeben und die Stelle des Truppführers des Fernsprechtrupps übernehmen. Zur Einarbeitung wurden mir zwei ältere Herren, Jahrgang 96 und 97, zugeteilt. Beide waren älter als mein Vater und es war nicht ganz einfach die neuen Mitarbeiter, die zwar schon den 1. Weltkrieg mitgemacht hatten, aber erst kürzlich zur Wehrmacht einberufen worden waren, in ihre Aufgaben einzuführen. Meine neuen Mitarbeiter waren nach ihren Schilderungen gestandene Kaufleute, die es in ihrem Leben schon zu etwas gebracht hatten. Sie unterhielten sich stundenlang über ihre Familien, ihre Frauen und ihre Kinder, die sich bereits in meinem Alter befanden, ihre beruflichen Tätigkeiten, Urlaube an der See und in den Bergen, den von der Wehrmacht beschlagnahmten PKW (Opel P 4), Wanderungen, Tätigkeiten im Schrebergarten usw. Nur das, was jetzt als neue Aufgabe ihnen nahe gebracht wurde, war ihnen so egal wie irgend etwas. Nach und nach, kamen sie aber dann doch hinter die Geheimnisse des Klappenschrankes, des Leitungsbaues und der Ferngesprächsvermittlung. Alles in allem war dies ohnehin keine große Sache. Die Front war in dieser Zeit ruhig, wir als Hauptverbandsplatz erhielten unsere Verwundeten und Kranken vorwiegend von den in den Beskiden und dem Duklapass eingesetzten Einheiten.

In diesen für uns alle recht ruhigen Wochen hatten wir in unserer Vermittlung viel Besuch von Angehörigen der Kompanie und in der Nachbarschaft befindlichen Einheiten. Dabei kam es dann zu sehr eingehenden, teils aber auch recht hitzigen Gesprächen über Gott und die Welt. Nicht zuletzt ging es immer wieder um die Frage, wie dieser Krieg, der einmal als „Blitzkrieg" begonnen hatte und nun schon über fünf Jahre dauerte, sein Ende finden sollte. Wenn auch dabei mit der gebotenen Vorsicht argumentiert werden mußte, so blieb doch letztendlich die große Ratlosigkeit und Hoffnungslosigkeit zu der Frage, wie es weitergehen sollte, übrig.

Als am 12. Januar 1945 im großen Weichselbogen und dann auch im Nordabschnitt der Ostfront die russische Offensive begann, sollte auch bei uns diese Ruhe nicht mehr lange vorhalten. Am 15. Januar begann an der Karpatenfront der russische Angriff. Auch hier konnte dieser nicht aufgehalten werden. Schon am nächsten Tag - es war ein Montag - bekamen die Fahrer Weisung, die Pferde mit Eisstollen zu versehen und gegen Abend rückte der bespannte Teil der Kompanie ab. Ich war bis zum späten Abend noch mit dem Abbau der von uns zu den verschiedenen Kompaniefunktionsstellen gelegten Fernsprechleitungen befaßt. Dann war es auch für uns soweit. Wir rückten ab.

Der Verfasser, Gorlice Sommer 1944

Schlesien - Zobten am Berge

Diesmal fuhr ich mit dem motorisierten Teil der Kompanie. Zwischen Gorlice und Neu-Sandez überholten wir die bespannte Abteilung. Es war eine kalte, frostklare Nacht. Der Atem der auf der verschneiten Straße schwer ziehenden Pferde hing wie kleine Dunstfetzen über der Kolonne. Ich hatte es mir auf dem Schreibstuben-LKW. so bequem wie möglich gemacht. Dicht hinter dem Fahrerhaus hatte ich mir eine Art Höhle gebaut und mich darin mit Planen und Decken zugedeckt. Dies war auch nötig, denn wenn man vom Zugwind auf der offenen Ladefläche etwas abbekam, waren Erfrierungen, zumal im Gesicht, zu befürchten. Unsere LKW-Kolonne erreichte gegen Morgen Krakau. Hier fanden wir in einer Schule vorübergehend Quartier.

Am gleichen Tage ging es wieder weiter und zwar jetzt in südlicher Richtung. Am späten Nachmittag erreichten wir Bad Rabka und bezogen hier in einem umfangreichen Hotelkomplex, der zuletzt als Lazarett genutzt worden war, Quartier. Die Vermittlung die wir hier übernahmen war eine ehemalige Heeresvermittlung, gemessen an unserer bisher genutzten Kompanievermittlung eine außerordentlich große Anlage. Wir vermittelten hier nicht nur die uns unmittelbar als San.-Kompanie berührenden Gespräche, sondern darüberhinaus auch Ferngespräche, die von den verschiedensten Einheiten zur Armee gingen. Dies war für mich etwas Neues und deshalb besonders interessant, weil angesichts der in Bewegung geratenen

Front ein besonders vielfältiger Telefonverkehr zwischen den sich zurückziehenden Einheiten bzw. deren Stäben und dem Armeeoberkommando festzustellen war. Die Führungsabteilung der Armee war offenbar, nach dem, was ich bei der Vermittlung der Gespräche so erfahren konnte, nur mangelhaft darüber informiert, wo sich die einzelnen Truppenteile befanden und wie weit die russischen Panzerkeile, die sich weiter nördlich von uns bereits der Reichsgrenze näherten, im einzelnen vorgestoßen waren.

Am späten Abend erfuhr ich, daß es möglich sei, im Hotel zu baden, und zwar im Untergeschoß des Gebäudes. Das war natürlich eine prima Sache und ich machte mich bald auf den Weg. In der Badeabteilung war tatsächlich heißes Wasser und ich wunderte mich, daß nicht mehr Kameraden von der Bademöglichkeit Gebrauch machten. Ich blieb allein. Plötzlich ging das Licht aus und ich hörte aus den oberen Stockwerken entferntes Geschrei, bei dem ich nur das Wort „Partisanen" verstand. Ich glaubte daraus folgern zu können, daß unsere Kompanie von Partisanen überfallen worden sei, und zog so rasch als möglich die Uniform an. Nun hatte ich aber überhaupt keine Ahnung, wie ich in der Dunkelheit wieder nach oben kommen könnte. Ich tastete mich durch Räume und Flure, bis ich endlich - mir kam die Zeit unendlich lange vor - einen Treppenaufgang erreichte und nach oben gehen konnte. Dabei stellte sich dann alles als ein falscher Alarm heraus. Tatsache war, daß, aus welchen Gründen auch immer, der Strom ausgefallen war und deshalb im ganzen Gebäude kein Licht mehr brannte. Aber von einem Partisanenüberfall war keine Rede.

Wir blieben in Rabka bis zum 18. Januar. Ursprünglich hatte der Armeearzt angeordnet, daß unsere San.-Kompanie in dem Lazarettgebäude in Bad Rabka einen Hauptverbandplatz einrichten sollte. Der rasche Vormarsch der russischen Truppen machte jedoch dieses Vorhaben gegenstandslos. Am 18. Januar verlegten wir in Richtung Reichsgrenze nach Sucha. Zu dieser Zeit war die ganze Front in Bewegung geraten und große Teile der noch weiter im Osten kämpfenden Truppen waren eingekesselt. Damals tauchte dann für uns neu der Begriff der „wandernden Kessel" auf.

In Sucha wurden wir erstmals auch mit einem Partisanenüberfall konfrontiert, es handelte sich um polnische Partisanen. In dem Haus, in dem die deutsche Gendarmerie einquartiert war, waren in der Nacht vor unserem Eintreffen der diensthabende Gendamerie-Doppelposten und ebenso die im gleichen Hause wohnenden deutschen Familien überfallen und ermordet worden. Neben den beiden Gendarmeriebeamten waren zwei Frauen und mehrere Kinder dem Anschlag zum Opfer gefallen. In diesem Gebäude bauten wir am nächsten Tag eine Fernsprechvermittlung auf, wobei wir jetzt auf die ortsfesten Leitungen der Deutschen Reichspost zurückgreifen konnten. Dadurch, daß wir uns als Fernsprechvermittlung immer wieder in die verschiedenen Armeeleitungen einschalten konnten, war es uns möglich, unseren Chef wenigstens in etwa über den Frontverlauf, vor allem über den Standort der russischen Panzerspitzen, zu informieren.

In einem Brief an meine Eltern vom 20. Januar erwähne ich, daß wir die Reichsgrenze überschritten haben. In Sucha warteten wir auf das Eintreffen des bespannten Teiles der Kompanie, der dort am 21. Januar ankam. Nach einem Ruhetag, der unbedingt eingeschoben werden mußte, weil Mensch und Tier, d.h. Soldaten und Pferde, völlig erschöpft waren, setzte sich dann die Kolonne wieder in Bewegung. Von jetzt ab marschierte ich mit dem bespannten Teil der Kompanie, weil mein Freund Harry Hagenah von der Schreibstube sich wunde Füße gelaufen hatte und nun meinen Platz auf dem Schreibstuben-LKW einnahm. Das Wetter war inzwischen sehr winterlich geworden. Wir hatten auch am Tage Temperaturen zwischen minus 10 und 15° C. Unser Marsch ging in südwestlicher Richtung, weil westlich von uns schon die russischen Panzerkeile standen. Wir konnten wegen der widrigen Witterungsverhältnisse und den dadurch bedingten Schneeverwehungen jeweils nur verhältnismäßig kurze Tagesstrecken bewältigen. Erschwerend kam hinzu, daß wir aus der Ebene nun mehr und mehr in die Beskidenberge gerieten. Nach zwei bis drei Marschtagen mußten wir einen Rasttag einlegen. Unser Marsch führte durch das Hultschiner Ländchen, westlich an Mähr. Ostrau vorbei in das Ostsudetenland.

An einen Rasttag und an mein Quartier bei einer Familie in der Nähe von Neuditschein (Hultschiner Ländchen) kann ich mich deshalb besonderes gut er-

innern, weil ich bei dieser Familie eigentlich das erste
Mal mit d Überlegungen der hier wohnenden Menschen über den auch für sie erkennbaren und erwarteten Zusammenbruch des Reiches konfrontiert wurde.
Meine Quartierleute hatten eine Tochter in meinem
Alter, ein recht hübsches und aufgewecktes Mädchen,
mit dem ich mich gut verstand. Ein Verstehen, das offenbar auf Gegenseitigkeit beruhte, denn das
Mädchen sprach mich abends darauf an, ob ich mir
vorstellen könnte, bei ihm und seiner Familie zu bleiben. Dieses Angebot wurde am gleichen Abend noch
von Vater und Mutter des Mädchens konkretisiert.
Man wollte mich mit Zivilkleidung ausstatten und
zunächst versteckt halten, bis die Front über das Dorf
hinweg gegangen war. Dann würde man je nach Lage
der Dinge weiter sehen. Mir schien, als ob diese Leute, die sowohl die deutsche als auch die tschechische
Sprache beherrschten, die kommende Entwicklung
nicht ganz so dramatisch ansahen; wie so oft die Leute in Grenzgebieten, meinten sie, unabhängig vom
Ausgang des Krieges immer bei den Gewinnern zu
sein.

Ich war von dem sicherlich gut gemeinten Angebot mehr befremdet als angetan. An eine Trennung
von meinen Kameraden und eine Entfernung von der
Truppe hatte ich bis dahin auch nicht im Traum gedacht. Im übrigen erschienen mir die Risiken eines
solchen Absetzens von der Kompanie dann doch sehr
groß. Und so verliebt, daß vernunftgemäße Überlegungen für mich völlig in den Hintergrund traten, war
ich dann auch wieder nicht. Kurz und gut: Ich be-

dankte mich für das Angebot und zog am nächsten Tag mit der Kompanie weiter. Unser Marschziel war der in den Ost-Sudeten gelegene Kreis Freudenthal, den wir in der ersten Februarhälfte erreichten.

Unsere bespannte Kolonne bezog Quartier in dem kleinen Dorf Rautenberg, etwa 10 Km westlich der Kreisstadt. Ein Bauerndorf mit etwa 500 bis 600 Einwohnern. Hier war so richtiggehend Erholung von den Strapazen des Marsches angesagt. Diese Erholung galt insbesondere für mich, denn eine Fernsprechvermittlung wurde nicht aufgebaut und schreibstubenmässig war auch nicht viel zu tun. Jeden zweiten Tag fuhr ich mit dem Fahrrad zu dem in Freudenthal liegenden Feldpostamt um dort wegen der Post nachzufragen. Für mich immer erfolglos. Das sollte bis zum Kriegsende auch so bleiben; zwischen meinen Eltern und mir kam keine Postverbindung mehr zustande. Die Fahrer der Kompanie hatten unter dem strengen Regiment des Futtermeisters, Feldwebel Hüttl, ständig mit der Pflege und Versorgung ihrer Vierbeiner zu tun. Hufpflege und andere Pflegemaßnahmen für die Pferde mit den entsprechenden Appellen waren angesagt. Die bespannte Kolonne wurde nicht von dem Kompaniechef, der sich diesmal beim motorisierten Teil der Kompanie befand, sondern vom Zahnarzt der San.-Kompanie, einem Stabsarzt (Z), geführt. Auch er hatte während der Marschpause in Freudenthal kaum etwas zu tun. Ich lag beim Ortsbauernführer im Quartier, der einen größeren Bauernhof - etwa 200 Morgen - bewirtschaftete. Von meinen Quartierleuten wurde ich richtiggehend verwöhnt. Die Familie bestand aus dem Altbauern, einem rüstigen Mittfünfziger, seiner etwa gleichaltrigen Frau und der etwa dreißigjährigen Tochter, deren Mann eingezogen war. Die Ehe war noch kinderlos. Ausserdem waren nach zwei weibliche Dienstboten und ein französischer Kriegsgefangener vorhanden.

Tagsüber ging ich mit meinem Quartierwirt des öfteren auf die Jagd, wenn auch nur als Zuschauer. Nachmittags saßen wir mit der ganzen Familie bei frisch gebackenem Blechkuchen zusammen und abends wurde in gleicher Weise zusammen gegessen. Ich mußte dann immer von zu Hause, aber auch von meinen Kriegserlebnissen erzählen. In Rautenberg erfuhren wir auch durch das Radio von den verheerenden Luftangriffen auf Dresden. Sehr beeindruckte mich hierzu eine Radioansprache des greisen Dichters Gerhard Hauptmann, in der dieser das untergegangene Dresden würdigte.

Am 22. Februar ging die schöne Zeit in Rautenberg zu Ende. Wir erhielten einen Marschbefehl nach Bad Reinerz im Schlesischen, in der Grafschaft Glatz gelegen. Nach der Abmeldung beim Standortältesten in Freudenthal und der Auszahlung des Quartiergeldes an unsere Rautenberger Quartierwirte, beides Dinge, die von mir erledigt wurden, machten wir uns an einem bitterkalten Februarmorgen auf den Weg. Die Übernachtungsplätze hatten wir schon in Rautenberg festgelegt. Dabei wurde davon ausgegangen, daß wir täglich - je nach den geländemässigen Gegebenheiten - etwa 25 bis 35 Km zurücklegen würden. Mit Schneeverwehungen auf den Straßen war nicht mehr zu rechnen. Es war zwar sehr kalt, aber die Straßen waren frei. Meine Aufgabe war es nun, als Quartiermacher in einem Beiwagenkrad der Kolonne vorauszufahren und an den vorgesehenen Rastorten zusammen mit den jeweiligen Ortsbürgermeistern die Quartiere für Mannschaften und Pferde festzulegen. Der Fahrer des Beiwagenkrads war ein vollschlanker, rotbäckiger Gastwirt aus dem Rheinland, der immer frohen Mutes war und ständig Witze und kleine lustige Geschichten aus seiner Gastwirtszeit erzählte. Der Marsch ging über Mährisch-Schönberg, Grulich, Habelschwerd, Landeck, Glatz nach Bad Reinerz. Es war bitterkalt und ich habe mir bei diesen Fahrten im offenen Beiwagen fast die Nase erfroren. Die Nase wurde zwar gleich mit Schnee gerieben und behandelt, ich hatte aber noch Jahre danach mit Beschwerden zu tun, d.h. mit Jucken im Gesicht, insbesondere bei Frosteinbruch.

Jede Übernachtung mußte von mir bei dem örtlich zuständigen Standortältesten angemeldet werden. Dieser bestätigte dann unsere Quartierwünsche. Der Marsch ging nicht so schnell, wie wir uns dies ursprünglich bei der Festlegung der Übernachtungsorte vorgestellt hatten. Dies hing einmal daran, daß die nach Westen führenden Straßen durch die aus Schlesien kommenden Trecks der flüchtenden Bevölkerung in hohem Maße verstopft waren; zum anderen aber auch an den erheblichen Höhenunterschieden, die zu bewältigen waren und den zumal auf den Bergkuppen spiegelglatten Fahrbahnen. Trotzdem erreichten wir gegen Monatsende Bad Reinerz, einen schön gelege-

nen Badeort in dem schlesischen Bäderdreieck, Bad
Altheide, Bad Kudowa und Bad Reinerz. Hier wurde
ich vom Kompaniechef mit der Wahrnehmung der
Schreibarbeiten für die Ortskommandantur beauftragt. Oberstabsarzt Dr. Englert war als ranghöchster
Offizier in Bad   Reinerz zugleich Ortskommandant.
Dr. Englert wurde alsbald nach unserem Eintreffen an
unserem neuen Standort als Divisionsarzt einer neu
aufgestellten Volksgrenadierdivision nach dem Westen versetzt. Sein Nachfolger war ein etwa vierzigjähriger aktiver Sanitätsoffizier, ebenfalls Oberstabsarzt, ein mittelgroßer, feingliedriger überaus korrekter
Mann, der aus dem Mährischen stammte.

Die Front war inzwischen, nachdem Breslau eingekesselt war, zu einer gewissen Ruhe gekommen.
Die Kämpfe hatten sich mehr nach Nordwesten bzw.
nach Norden verlagert. Mit den beiden Kameraden
von der Schreibstube hatte ich eine vor dem ersten
Weltkrieg erbaute Villa bezogen. In deren Erdgeschoß
befanden sich die Schreibstube und das Büro der
Ortskommandantur; im Dachgeschoß wohnten wir.
Außerdem waren noch eine Reihe von Flüchtlingen
aus den Ostgebieten im Hause untergebracht. In Bad
Reinerz fing es dann allmählich an, etwas wärmer zu
werden und ich benutzte gerne die Gelegenheit zusammen mit Harry Hagenah und dessen Freundin, die
im gleichen Hause wohnte, in der warmen Frühlings-
sonne kleine Spaziergänge zu machen. Harry war mit
dem Mädchen, das er übrigens später, nach seiner
Rückkehr aus russischer Gefangenschaft, geheiratet
hat, schon zu der Zeit, als wir noch mit dem bespann-

ten Teil der Kompanie auf dem Marsch waren, bekannt geworden. Was mich anbelangt, so kam ich eines abends im Kino neben einem jungen Mädchen aus Oberschlesien zu sitzen, das in einem Kinderheim, das von Ober-Schlesien nach Bad Reinerz verlegt wurde, tätig war. Daraus entwickelte sich in der Folge eine kleine Freundschaft - in allen Ehren - und ich freute mich immer schon auf die Abende, die wir zu Spaziergängen in den Parkanlagen des Bades verwendeten. In den Parkbäumen sangen schon die ersten Vögel und selbst wenn es regnete, so meine Erinnerung, war der Regen warm und die Temperatur angenehm lau. Der Kompaniechef, der mir wahrscheinlich etwas gewogen war, möglicherweise auch deshalb, weil er meine Zigarettenration erhielt, hatte mir schon bald nach unserem Eintreffen in Bad Reinerz gesagt, daß ich mit meiner Versetzung zur Fronttruppe rechnen müsse. Er wolle mich aber solange als möglich bei der Kompanie halten.

Am 24. März war es aber dann soweit. Ich erhielt einen Marschbefehl zur Kompanie z. b. V. AOK (Armeeoberkommando) 17, die in Nachod im Protektorat Böhmen u. Mähren lag. Die Versetzung erfolgte ganz plötzlich. Ich mußte noch am gleichen Abend mit der Bahn von Bad Reinerz abfahren. Da ich mich zunächst von meiner Freundin verabschieden wollte, lief ich erst noch zu dem am Stadtrand gelegenen Kinderheim in dem sie tätig war. Ich konnte sie jedoch nicht sprechen, weil sie mit einer Kindergruppe in der Stadt unterwegs war. Mit der Versetzung nach Nachod war mein Gastspiel bei der Sanitätskompanie, die ur-

Im Kurpark von Bad Reinerz, März 1945

sprünglich als Divisions-Sanitätskompanie die Be-
zeichnung 2/219 trug und später nach dem Untergang
der Korpsabteilung C im Kessel von Brody in Armee-
Sanitätskompanie 819 umbenannt wurde, beendet.
Ich hatte dieser Einheit von Anfang Mai 1944 bis zum
März 1945 angehört.

Die Bahnfahrt nach Nachod dauerte nur einige
Stunden. Die Kompanie z. b. V. AOK 17 war eine
Durchgangsstation. Wenn ich mich recht erinnere,
war ich in Nachod nur drei Tage, dann erfolgte meine
Versetzung zur 359. Inf. Division.

Da an Sanitätspersonal zum damaligen Zeitpunkt
kein Interesse mehr bestand, wurde ich zu der neuen
Einheit als Nachrichtenmann/Fernsprecher versetzt.
Wir waren eine kleine Gruppe von fünf Landsern, die
zur 359. ID kamen. Von Nachod aus fuhren wir, teils
mit der Bahn, teils als Anhalter auf motorisierten
Fahrzeugen, zunächst nach Langenbielau, wo wir uns
bei einem Regimentsgefechtsstand melden mußten.
Von dort aus wurden wir dem Divisionsfüsilierbatal-
lon zugeteilt. Ich selbst wurde vom Batallonsadjudan-
ten der 4. Kompanie des Bataillons zugewiesen.

Der Wirkungsbereich der Deutschen Wehrmacht
war inzwischen so zusammengeschrumpft, daß nur
noch kurze Entfernungen zu überwinden waren.
Schon nach zwei Tagen hatte ich meine neue Truppe
erreicht. Unterwegs hatten wir Fünf bei einer Bauern-
familie in der Nähe von Langenbielau noch einmal
gut zu Mittag gegessen. Es gab ein typisch schlesi-
sches Gericht, Hasenbraten mit Klößen. Das Essen
war zwar gut, mir kam es aber so ein bischen wie ei-

ne Henkersmahlzeit vor. Die 4. Kompanie des Füsi-
lierbataillons 359 lag am Südrand des kleinen Städtchens Zobten a. Berge und zwar im Bereich des Ber-
ges Zobten (718 m) von dem das Städtchen seinen
Namen hatte. Die HKL verlief etwa in der Bergmitte,
so daß man einen guten Ausblick auf das im Tal lie-
gende Städtchen Zobten hatte und überdies bis zu
dem eingeschlossenen Breslau sehen konnte. Insbesondere bei Dunkelheit konnte man das dortige
Kampfgeschehen (Leuchtkugeln, Leuchtmunition)
gut wahrnehmen und hörte auch die Abschüsse der
Geschütze. Zobten war vom Südrand der Festung
Breslau etwa 25 Km entfernt.

Bei meinem Eintreffen bei der Kompanie stellte
sich heraus, daß man mit mir nichts rechtes anzufan-
gen wußte. Dies hing damit zusammen, daß die 4.
Kompanie, als sogenannte „schwere Kompanie" vor
allem schwere Maschinengewehre und Granatwerfer
zur Verfügung hatte. An beiden Waffen war ich aber
nicht ausgebildet, wie überhaupt meine infanteristische Ausbildung sicherlich erhebliche Lücken auf-
wies. Ich blieb eine Nacht in der Stellung der Kompanie, die am Berg Zobten einen Abschnitt der HKL besetzt hielt. Am nächsten Tag ließ mich der Kompaniechef, Oberleutnant Mühlenbein, zum Kompaniegefechtsstand rufen. Dort war auch der Hauptfeldwebel
anwesend. Beide eröffneten mir, daß ich die Aufgaben
des Kompanieschreibers übernehmen solle. Wie ich
später erfuhr, war mein Vorgänger einige Tage vorher
verschwunden. Entweder war er auf dem Wege zur
HKL von einem russischen Spähtrupp kassiert wor-

den, oder er hatte sich von der Truppe abgesetzt. Jedenfalls stellte ich nach einigen Tagen fest, daß er im Divisionsbefehl als Fahnenflüchtiger gesucht wurde. Die Kompanieschreibstube befand sich zusammen mit den anderen Schreibstuben des Bataillons beim Küchentroß. Dieser war etwa 6 bis 7 Km hinter der HKL in einem kleinen Dörfchen untergebracht das bisher von seinen Bewohnern noch nicht geräumt worden war.

Der Spieß meiner neuen Kompanie, mit dem ich naturgemäß am meisten zu tun hatte, stellte sich als ein jovialer älterer Zwölfender mit der entsprechenden Leibesfülle heraus, mit dem gut zusammen zu arbeiten war. Der Rechnungsführer war ein etwas verknitterter, hagerer Obergefreiter mit einer respektaklen Hakennase. Mit der anfallenden Schreibarbeit machte ich mich rasch vertraut. Es bestand ein wöchentlicher bzw. monatlicher Terminplan, nach dessen Vorgaben die fälligen Meldungen an das Bataillon vorzubereiten waren. Unterschriften leistete der Kompaniechef, diesem wurden auch die täglichen Posteingänge vorgelegt. Dazu wurde jeden Abend nach Eintritt der Dunkelheit der Kompaniegefechtsstand aufgesucht. Der Spieß und ich wechselten uns dazu ab. Bis etwa 500 m vor der HKL konnte man das Fahrrad benutzen, dann mußte man in Deckung gehen, weil das Gelände, das zur HKL hin leicht abfiel, von den Russen eingesehen wurde. Wenn „der Iwan" Bewegungen hinter der HKL feststellte, schoß er mit Granatwerfern.

Die ersten Tage beim Kompanietroß verwendeten wir alle, einschließlich Köche und Fahrer, zum Bauen von Bunkern in einem benachbarten Waldgebiet. Dabei wurden wir vom Pionierzug unterstützt. Nach etwa einer Woche hatten wir die recht ordentlichen Bunker fertiggestellt, die in einen Hang hinein gebaut worden waren und deren Decke aus einer doppelten Lage von Baumstämmen und einer zusätzlichen ca. 30 cm dicken Erdauflage bestand. Dann zogen wir vom Dorf, das inzwischen von der Bevölkerung geräumt worden war, in das Waldlager um. Hier verlebte ich eigentlich eine recht angenehme Zeit. Die Arbeit war nicht aufregend, das Essen war den Umständen entsprechend gut, die Bunker waren geräumig und hatten einen guten Geruch nach frisch geschlagenem Fichtenholz. Die abendlichen Fahrten zum Kompaniegefechtsstand stellten eine angenehme Abwechslung im Tagesablauf dar, obgleich sie keineswegs ungefährlich waren. Ich erinnere mich an einen Feuerüberfall der Russen mit Granatwerfern, bei dem ich, um den Einschlägen zu entgehen, kopfüber die Treppe zum Unterstand des Kompaniechefs hinabstürzte.

Es war sehr schönes Frühlingswetter. Die Front war ausgesprochen ruhig und man hatte fast den Eindruck, als wenn wir hier vom Kriege vergessen worden seien. Wir gehörten zur Heeresgruppe Schörner, und etwa Mitte April erfuhr ich vom Kompaniechef, daß sich die Heeresgruppenführung mit dem Gedanken trage, vom Raum Zobten aus den Einschliessungsring um Breslau zu öffnen, um so den Verteidigern ein Entkommen zu ermöglichen. Die Kriegslage spitzte sich jedoch weiter im Norden im Zusammenhang mit den Kämpfen um Berlin in einer derart bedrohlichen Weise zu, daß dieser Gedanke offenbar nicht weiter verfolgt wurde.

Wenn auch die Lage in unserem Abschnitt ruhig war, so waren wir uns doch eigentlich alle im Klaren darüber, daß der Krieg mit Riesenschritten seinem Ende zuging und damit der Zusammenbruch bevorstand. Von meinen Eltern hatte ich seit unserem Abmarsch von Gorlice Mitte Januar keine Post mehr erhalten. Inzwischen war mein Heimatort längst von den Amerikanern überrollt worden, die sich weiter in zügigem Vormarsch nach Osten befanden. Der Raum Fulda / Lauterbach war Ende März, Anfang April besetzt worden. Während in der Vergangenheit das Thema eines verlorenen Krieges absolut tabu war, sprachen wir, d.h. die Angehörigen des Trosses unter Einschluß des Hauptfeldwebels nun ganz offen über das bevorstehende Kriegsende. Was zumindest mir zum damaligen Zeitpunkt nicht restlos deutlich war: Die Forderung der Alliierten seit der Übereinkunft von Malta auf totale Kapitulation aller deutschen Streitkräfte. Eine Forderung, die automatisch die Gefangennahme aller deutschen Soldaten beinhaltete. Ich hatte mich eigentlich immer der Hoffnung hingegeben, daß die deutschen Soldaten, ebenso wie nach dem 1. Weltkrieg, nach Kriegsende in die Heimat zurückkehren könnten. Dem würde nicht so sein. Ansonsten kam man sich von unserem Standort Zobten weitgehend als Zuschauer bei einem sich darstellenden Finale vor. Der Kampf um Berlin trat immer stärker in den Vordergrund des Geschehens. Daß die Westmächte kontinuierlich immer weiter vorrückten, trat angesichts der Entwicklung an der Ostfront weitgehend in den Hintergrund.

Am 20. April an „Führersgeburtstag" hielt Göbels seine letzte Rede, die angesichts der sich darstellenden Fakten nur noch ein rhetorisches Feuerwerk, eine Seifenblase war. Am 1. Mai erreichte uns dann die Kunde vom Tode Hitlers. Auch diese Nachricht, wie konnte es bei der Verlogenheit unserer Führung in ihrer Gesamtheit anders sein, verbrämte den Selbstmord Hitlers als einen Soldatentod: „Gefallen im historischen Kampf um Berlin".

Als Großadmiral Dönitz die Führung des „Reiches" übernommen hatte, war uns allen klar, daß dieser eigentlich nur noch die Funktionen eines Notars im Sinne einer Konkursverwaltung wahrnehmen konnte, um zum Abschluß eines Waffenstillstandsvertrages zu kommen. Ungeachtet dieser Entwicklung hielt Generalfeldmarschall Schörner,der „eiserne Ferdinand", seine Heeresgruppe, die im wesentlichen den böhmisch - mährischen Kessel besetzt hielt, noch zusammen. Auflösungserscheinungen wurden bei uns nicht erkennbar. Für mich wäre es jetzt eigentlich an der Zeit gewesen, mich nach rückwärts abzusetzen. Ich hätte im Hinblick auf meine Augenverletzung jederzeit einen Marschbefehl zu dem für uns zuständigen Kriegslazarett bekommen, das sich wohl im Raum Trautenau befand, um mein verletztes rechtes Auge einer routinemässigen Untersuchung unterzie-

hen zu lassen. Hierzu hätte es nur einer geeigneten
Schilderung aufgetretener Beschwerden bedurft. Aber
ich schob eine derartige „Verselbständigung" noch
vor mir her, bis es dann dafür zu spät war. Ich habe
mir später wegen dieser Unentschlossenheit, insbesondere in der Zeit meiner russischen Gefangenschaft
bittere Selbstvorwürfe gemacht. Am 5. oder 6. Mai erreichte uns ein Heeresgruppenbefehl Schörners, der
unverzüglich allen Soldaten bekannt zu geben war. In
diesem Heeresgruppenbefehl, den ich zusammen mit
dem Kompaniechef und dem Kompanietruppführer
noch am gleichen Abend in den verschiedenen Stützpunkten unserer Kompanie in der HKL verlesen habe,
wurde eingangs darauf hingewiesen, daß „feige Ge-
sellen" mit dem Feind in Kapitulationsverhandlungen
eingetreten seien. Schörner war offenbar von den inzwischen von Dönitz veranlaßten diesbezüglichen
Verhandlungen des OKW verständigt worden. Schörner fuhr in diesem Befehl fort, daß er sich an das Ergebnis dieser Verhandlungen nicht gebunden fühle
„und seine Heeresgruppe geschlossen in die Heimat
zurückführen werde". Zugleich mit diesem Heeresgruppenbefehl wurde auch der in der nächsten Nacht
beginnende Rückzug der Truppen bekanntgegeben.

Da das westlich von uns gelegene Reichsgebiet
schon von den russischen Truppen erobert worden
war, ging der Rückzugsbefehl für unsere Division dahin, daß wir uns nach Südwesten absetzen sollten. Die
vorgesehene Absatzbewegung schien zunächst auch
durchaus durchdacht und schlüssig zu sein. Das Absetzen sollte „überschlagend" erfolgen; d.h. daß ande-

re Truppenteile in unserem Rücken eine Auffangstellung einrichten und besetzen sollten, während wir uns nach vorgegebenem Plan weiter zurückziehen würden, um dann die nächste Auffangstellung zu besetzen.

In den ersten Maitagen meldete sich der Reichssender Prag nicht mehr in deutscher, sondern in tschechischer Sprache. Wenn wir mit unserem Kompanieradio den Sender Prag einstellten, von dem wir bis dahin den Wehrmachtsbericht hörten, kamen immer wieder Durchsagen oder Aufrufe, die mit „Pozor, Pozor" (es hörte sich an wie „Bosor, Bosor"), also auf deutsch „Achtung, Achtung" eröffnet wurden. Offenbar war es den Tschechen gelungen, den Sender zu besetzen.

Zusammenbruch - Kriegsende

Unsere Kompanie löste sich am 6. Mai bei einsetzender Dunkelheit kampflos aus ihrer bis dahin gehaltenen Stellung und kam zunächst zu uns zum Gefechtstroß. Wir hatten im Laufe des Tages bereits alle Vorbereitungen für den Abmarsch getroffen und marschierten unmittelbar nach Eintreffen der Kompanie los. Wir stießen nach einem Marsch von etwa 25 - 30 Km auf die Reservestellung, die auch bereits besetzt war. Wir setzten unseren Rückzug zügig fort. Auch den ganzen nächsten Tag waren wir entsprechend dem ergangenen Absatzbefehl nach Südwesten unterwegs. Auffällig war dabei, daß das Rückzugstempo immer mehr beschleunigt wurde. Es kam ganz offensichtlich Hektik auf. Ich denke, daß dies damit zu tun hatte, daß der Russe immer stärker nach Süden drückte und dadurch den von der Heeresgruppenführung vorgesehenen Rückzugsplan durcheinander brachte.

Ich selbst hatte mir in den letzten Tagen schon ein beim Tross überzähliges Wehrmachtsfahrrad organisiert, das von mir mit einer Art „Fluchtgepäck" ausgestattet worden war: Brot, Konserven und Kartenmaterial. Dieses Fahrzeug lag griffbereit auf dem Schreibstubenwagen. Der Marsch ging auch in der Nacht vom 7. auf den 8. Mai weiter. Allerdings war jetzt von dem Besetzen einer Auffangstellung durch uns schon keine Rede mehr. Am 8. Mai kam bei einer Marschpause der Kompaniechef von einer Besprechung beim Bataillonskommandeur mit der Nachricht zurück, daß ein Waffenstillstand bereits abgeschlossen sei, der um Mitternacht inkraft treten würde. Gleichzeitig wurde angeordnet daß die im Kompaniewagen liegenden Wehrpässe der Kompanieangehörigen zu verbrennen seien. Dies geschah dann auch noch in der gleichen Marschpause. Dann ging es weiter.

In der Nacht vom 8. auf den 9. Mai wäre ich fast von deutschen Soldaten erschossen worden. Das kam so: Während unseres hastigen Marsches wurde auf eine Marschpause verzichtet. Deshalb blieb auch die Feldflasche leer und ich hatte einen Riesendurst. Ich meinte, daß dieser Durst auch ursächlich für die Erschöpfung war, mit der ich es zunehmend zu tun hatte. Als ich deshalb beim Durchzug durch ein beiderseits der Rückzugsstrasse gelegenes Dorf in einem

Hause einen kleinen Lichtschein bei einem nach der Straße hin gelegenen Fenster zu erkennen glaubte, rannte ich aus unserer Marschkolonne, die sich durch die Müdigkeit von Mensch und Tier schon ziemlich auseinander gezogen hatte, zur offenen Türe des Hauses. Dann ging ich durch den Flur zur Wohnstube, aus der Musik und Gesang ertönte. Kaum hatte ich die Zimmertür einen Spaltbreit geöffnet und einen Blick hineingeworfen, schoß ein am Tisch sitzender Soldat, der offensichtlich schwer betrunken war, mit seiner Maschinenpistole auf mich. Er traf allerdings nur den etwa 10 cm von mir entfernten Türrahmen, der von dem Feuerstoß völlig zersplittert wurde. Ich selbst hatte ich mich sofort auf den Boden geworfen und sah dann, wie andere im Raum befindliche Soldaten dem MP-Schützen die Waffe abnahmen. Der Soldat sagte mir später, er habe als die Tür aufging gedacht, daß Russen in das Haus eindringen würden.

Es stellte sich im übrigen heraus, daß in dem von mir aufgesuchten Haus eine Gruppe von versprengten Landsern Unterschlupf gefunden hatte; dort waren sie jetzt dabei, zusammen mit einigen Mädchen oder Frauen, die sich dazu gesellt hatten, zu feiern und vor allem jede Menge Schnaps zu vertilgen. Hier herrschte Weltuntergangsstimmung. Die zum Teil geleerten und zum Teil noch vollen oder halbvollen Flaschen standen auf den Tischen. Eine Einladung zum Mittrinken lehnte ich dankend ab. Mir saß ohnehin der Schreck noch in allen Gliedern. Hier sah ich eigentlich zum ersten Mal die beginnende Auflösungserscheinungen unserer Truppe. Ich habe meine Feldflasche mit Wasser gefüllt und bin dann gleich meiner weitermarschierenden Kompanie nachgelaufen, die ich auch alsbald wieder einholte.

Es war eine warme Mainacht. Wir marschierten nicht auf einer Rollbahn, wie wir damals die gut ausgebauten breiten Straßen nannten - im heutigen Sprachgebrauch: Bundesstrasse - sondern auf einer Nebenstraße. Es lag eine eigentümliche Ruhe über der Kolonne. Von Marschieren und Marschordnung war längst keine Rede mehr. Die Landser taumelten mehr als daß sie hinter den Fahrzeugen hergingen. Nur das Rumpeln und das Geknarze der Wagenräder und das Knirschen der Kummete und des Lederzeugs der Pferde bildete eine eintönige Geräuschkulisse. Die Fahrer riefen den schlaftrunkenen Pferden ab und zu aufmunternde Worte zu. Aus der Ferne weiter westwärts hörte man gelegentlich ein dumpfes Dröhnen; dort schienen nach wie vor Kämpfe im Gang zu sein. Ich wußte von Oberleutnant Mühlenbein, daß unser nächstes Ziel das bereits im Sudetenland gelegene Braunau sei. Von dort aus würden wir dann westwärts in Richtung Trautenau marschieren.

Im Grunde genommen ging es für uns darum, so rasch als möglich in den Bereich der amerikanischen Truppen zu kommen, die von Westen her in den böhmischen Kessel eindrangen. Sie sollten dem Vernehmen nach im Raum Pilsen stehen. Gegen Morgen muß ich beim Marschieren leicht eingenickt sein. Plötzlich kam Bewegung und Unruhe in die Kolonne. Von hinten wurde gerufen: „Der Russe ist durchgebrochen, rette sich wer kann". Das war das Signal für ein plötzliches Ende des bis dahin durchaus geordneten Rückzugs.

Wir fuhren zu diesem Zeitpunkt in einem ziemlich engen Hohlweg. Die Böschung beiderseits des Weges war so hoch, daß man mit den Fahrzeugen nicht ausbrechen konnte. Auf der Straße kam es deshalb sehr bald zur Verstopfung. Die Fahrer ließen ihren Wagen stehen, sprangen vom Bock und machten sich mit den abgespannten Pferden beritten, um so schneller vorwärts zu kommen. Ich schnappte mir mein auf dem Schreibstubenwagen liegendes Fahrrad und kletterte, das Rad auf dem Rücken, die Böschung hoch. Oben war ein ausgedehntes Bergwiesengelände. Nun konnte ich, wenn auch mühsam, das Fahrrad teilweise schiebend, oder auch, wenn es die Bodenverhältnisse zuließen, mit dem Rad fahrend gegenüber den im Hohlweg verbliebenen, aber auch gegenüber den oberhalb des Weges zu Fuß laufenden Soldaten Boden gewinnen. Das Fortkommen wurde dadurch erschwert, daß der nach Braunau führende Weg zunächst noch bergauf führte. Das Städtchen Braunau liegt am Ostrand des Riesengebirges und damit in ziemlich bergigem Gelände.

Nach einigen Kilometern mühsamen Vorwärtskommens auf den Wiesen oberhalb der Straße hatte ich den Bergkamm erreicht. Jetzt ging es abwärts hinunter nach Braunau, das man in der Ferne im Morgennebel liegen sah. Die talwärts führende Straße, die in Serpentinen nach Braunau hinabging, war nicht mehr verstopft. Gleichzeitig war die Fahrbahn nun breiter angelegt. Jetzt gab es für mich kein Halten

mehr. Ich schwang mich auf das Rad und in abenteu-
erlichem Tempo fuhr ich die Straße hinab; Fahrzeuge
und Reiter in wahrhaft waghalsiger Art und Weise
überholend; immer in dem Bestreben, an die Spitze
der Kolonne zu kommen. Und tatsächlich: kurz vor
dem Ortseingang Braunau war es geschafft. Wir bildeten jetzt mit mehreren Radfahrern eine Spitzengruppe, die vor der Kolonne herfuhr und immer mehr
Abstand zu den bespannten Fahrzeugen und den Rei-
tern gewann. Etwa in der Stadtmitte sahen wir das
Hinweisschild nach Trautenau. Diesem Wegweiser
folgend fuhren wir nun auf einer breiten Ausfallstraße
in Richtung des Zielortes.

In Braunau war es noch ruhig. Nur vereinzelt sah
man Soldaten und Fahrzeuge auf der Straße. Auffällig
war, daß man so gut wie keine motorisierten Truppen
sah; diese schienen schon das Weite gesucht zu haben.
Alsbald hatten wir die letzten Häuser des Städtchens
und damit die Ausfallstraße nach Trautenau erreicht.
Wir beschleunigten noch einmal das Tempo und traten feste in die Pedalen. Plötzlich kamen uns von vorne, rufend und mit den Armen gestikulierend, einige
Soldaten und Zivilisten, Frauen und Männer entgegen: „Die Russen kommen, russische Panzer kommen".

Wir waren einigermaßen verdutzt und zugleich
erschrocken, dachten wir doch, daß wir durch unsere
Gewaltfahrt den Russen, zumindest zunächst, entkommen waren. Dem war aber offenbar nicht so.
Denn unversehens tauchte im diesigen Morgen von
vorne auf uns zukommend eine russische Panzerko-

lonne auf. Die Russen schossen nicht, denn wir hatten
den 9. Mai und seit 0 Uhr herrschte Waffenstillstand.
Im Führungspanzer befand sich ein russischer Soldat,
offenbar ein Offizier, der uns zuwinkte und uns durch
Zeichen zu verstehen gab, daß wir weiterfahren sollten. Wir taten jedoch nicht dergleichen. Geradezu in
Panik wendete die Spitzengruppe, ich eingeschlossen,
und fuhr zurück nach Braunau.

Hier kam es jetzt zu einem regelrechten Verkehrs-
chaos. Die von Norden kommenden Fahrzeuge, die in
Richtung Trautenau fuhren, stießen auf unsere nunmehr rückwärts stadteinwärts fahrende Kolonne, so
daß sich beide Kolonnen ineinander verkeilten. Dazu
kam der Ruf: „Der Russe ist hinter uns her". Es war
ein Tohuwabohu sondergleichen. Das vor wenigen
Minuten noch ruhige Städtchen Braunau war zu einem Hexenkessel geworden. Eine Situation, wie ich
sie weder vorher noch nachher erlebt habe. Die Menschen waren wie von Sinnen. Die Fahrer schlugen auf
die Pferde ein, um unter allen Umständen nach vorne
durchzukommen. Menschen und Pferde, die in dem
Chaos zu Fall gekommen waren, wurden rücksichts-
los überfahren.

Ich rettete mich mit meinem Fahrrad in einen kleinen Vorgarten vor einem Haus und setzte mich dort
auf eine Bank. Mich überkam unversehens das heu-
lende Elend, dem ich völlig preis gegeben war, und
ich weinte wie ein Kind. Ich hatte das Ende des Krieges schon seit einiger Zeit unaufhaltsam auf uns zukommen sehen, ja herbeigesehnt. Daß dieses Ende allerdings dann so sein würde, hatte ich nicht erwartet.

So wie sich die Dinge jetzt darstellten, war an ein Weiterkommen auf den Straßen nicht zu denken. Ich ließ deshalb, nachdem ich den Brotbeutel mit Lebensmitteln an mich genommen hatte, das Rad stehen und setzte mich zu Fuß abseits der Straße durch Hofreiten und Hausgärten in das freie Feld ab und erreichte nach etwa einem Kilometer ein Waldgelände. Nach hier tönte der Lärm aus der Braunauer Innenstadt nur noch wie ein dumpfes Brausen. Als ich weiter waldeinwärts ging, stieß ich auf eine Gruppe deutscher Soldaten, meist Offiziere, bei denen es sich offenbar um Angehörige eines Artilleriestabes handelte. Die meisten Stabsangehörigen waren beritten. Ich sah, daß die Gruppe um Karten versammelt war, die auf dem Waldboden ausgebreitet waren. Meine Karte hing an meinem in Braunau verbliebenen Fahrrad. Mir kam es deshalb zunächst einmal darauf an, für den Marsch nach Westen den richtigen Weg, oder besser gesagt, die richtige Richtung einzuschlagen. Ich fragte deshalb einen der Offiziere, ob ich mich der Gruppe anschließen dürfe. Der Offizier war einverstanden. Als wir nach einigen Kilometern an das Ende des Waldgebiets kamen, stellten wir fest, daß die Straßen voller deutscher Soldaten waren, die sich auf dem Marsch nach Westen befanden. Auf unsere Frage, ob sie von den Russen nicht behelligt worden seien, bekamen wir die Antwort, der Russe kümmere sich nicht um die auf dem Marsch in die Heimat befindlichen deutschen Soldaten. Ich schloß mich deshalb mit einer Reihe anderer Weggefährten einer der Marschkolonnen an. Dies sollte sich wenig später als ein großer Fehler herausstellen. Aber wie es so ist, man glaubt beim großen Haufen am ehesten eine gewisse Geborgenheit zu finden.

Als sich unsere Kolonne dem Städtchen Nachod näherte - Nachod liegt im damaligen Protektorat Böhmen und Mähren und hat eine rein tschechische Bevölkerung, von dort aus war ich Ende März zur Fronttruppe abgestellt worden - wurden wir bereits beim Stadteingang von mit Maschinenpistolen bewaffneten tschechischen Milizen, meist Angehörige des sogenannten „Sokol", eines tschechischen Sportjugendverbandes, in Empfang genommen. Wir waren zwar bemüht, den Russen auszuweichen, aber wir hatten nicht mit gegen uns gerichteten feindlichen Handlungen der Tschechen gerechnet. Zumindest galt diese Fehleinschätzung für mich. Die Milizangehörigen prügelten gleich beim Eintreffen in Nachod wahllos auf uns ein und wurden dabei von der Bevölkerung, nicht zuletzt auch den Frauen, tatkräftig unterstützt. Ich kam dabei einigermaßen glimpflich davon, weil ich mich in der Mitte der Kolonne und nicht an ihrem Rand befand. Dabei wurde mir eigentlich erstmals bewußt, welches Potential an Haß und Feindschaft gegen die Deutschen sich in der tschechischen Bevölkerung angesammelt hatte.

Unsere Kolonne hatte auch nicht mehr die Möglichkeit wieder aus der Stadt Nachod herauszukommen und ihren Marsch fortzusetzen. Wir wurden vielmehr auf einen am Stadtrand gelegenen Sportplatz getrieben und mußten uns auf dem Platz in Gliedern hintereinander aufstellen. Wir waren in tschechische Gefangenschaft gekommen. Mehr durch Zufall kam ich nicht in das erste, sondern in das dritte oder vierte Glied. Eine ganze Weile standen wir, ohne daß sich etwas ereignete. Immer mehr deutsche Soldaten wurden auf den Platz getrieben. Plötzlich kam eine Gruppe der Miliz, wie ich später erfuhr Angehörige der „Sokoljugend", auf unsere Kolonne zugelaufen und riefen laut schreiend nach SA und SS-Angehörigen. Da sich verständlicherweise niemand meldete, traten sie an das erste Glied heran und griffen sich wahllos deutsche Soldaten heraus, die sie anschrien „Du SA" oder „Du SS". Die herausgezerrten Soldaten, die eine Zugehörigkeit zu den genannten NS-Gliederungen naheliegenderweise verneinten, wurden auf der Stelle zusammengeschlagen. Auf dem Boden liegend wurden sie dann durch einen Genickschuß der Tschechen, ausschließlich jugendliche Milizangehörige, getötet. Wir waren alle maßlos erschrocken. Auf diese Art und Weise mußte eine ganze Reihe deutscher Soldaten ihr Leben lassen. Dann kam ein älterer tschechischer Polizeibeamter der diesem Treiben Einhalt gebot. Die erschossenen Soldaten wurden auf einem LKW weggebracht.

Später riefen die Tschechen nach Wasserträgern. Ich habe mich gleich gemeldet und wurde mit noch einer Anzahl weiterer Soldaten mit Eimern ausgestattet und unter Bewachung von zwei Milizionären, die mit der obligatorischen Maschinenpistole bewaffnet waren, zu einer abseits des Sportfeldes gelegenen Wasserstelle geführt. Hier sollten die Eimer gefüllt werden. Dazu kam es jedoch nicht mehr. Plötzlich entriss einer von uns einem der Tschechen seine MPi. Im Handumdrehen wurde auch der zweite Bewacher entwaffnet, und ohne daß irgend eine Verabredung getroffen worden war lief unsere Gruppe dem in der Nähe befindlichen Walde zu. Die Tschechen auf dem Sportplatz hatten inzwischen unsere Befreiungsaktion wahrgenommen und schossen uns nach. Es wurde aber niemand getroffen.

Wir erreichten alsbald den Waldrand und liefen so schnell wir konnten weiter in das Waldesinnere. Hier verhielten wir und atmeten erst einmal auf. Wir waren heilfroh, dem tschechischen Terror entkommen zu sein. Nun ging es darum, unseren weiteren Fluchtweg festzulegen. Ein Oberfeldwebel von einer Luftwaffenfelddivision hatte eine Karte und einen Kompass. Wir stimmten überein, daß wir nur nachts marschieren und uns tagsüber in den Wäldern verstecken würden. Uns ging es darum, möglichst rasch zu den Amerikanern zu kommen, die sich irgendwo im Raum Pilsen befinden sollten. Damit war unsere weitere Marschrichtung klar vorgegeben. Es ging nach Westen.

Dabei nahmen wir in Kauf im tschechisch besiedelten Gebiet zu bleiben. Wahrscheinlich wäre es besser gewesen, nicht den direkten Weg zu wählen, sondern zunächst nach Norden auszuweichen, um in das Sudetenland zu kommen. Denn, wie wir alsbald feststellen mußten, hatten wir es auf der von uns gewählten Route nicht nur mit den Russen, sondern in gleicher Weise auch mit den Tschechen zu tun, die ebenso wie die Russen Jagd auf deutsche Soldaten machten. Wir blieben im Wald und schliefen und dösten vor uns hin, bis es dunkel wurde. Dann machten wir uns auf den Weg nach Westen. Der Oberfeldwebel, der vorher anhand der Karte und des Kompasses unsere Marschleitzahl ermittelt hatte, führte. Unser Marsch ging querfeldein. Dörfer und einzelne Gehöfte wurden umgangen. An einem kleinen Wässerchen, das auf unserem Weg lag, stillten wir unseren Durst und füllten die Feldflaschen. Unser Marsch durch die Nacht verlief ohne Zwischenfälle.

Allerdings stellten wir gegen Morgen fest, daß wir uns in einer weiten Niederung mit Wiesen und Feldern, aber ohne Wald befanden. Jetzt war guter Rat teuer. Wo wollten wir uns tagsüber verstecken? Schließlich sahen wir in der Ferne eine alleinstehende Feldscheune die wir dann aufsuchten. Es wurden jeweils zwei Mann als Wachen eingeteilt. Ich hatte zusammen mit einem baumlangen Ostpreußen namens Hans die letzte Wache vor Einbruch der Dunkelheit. Tagsüber war alles ruhig gewesen. Aber jetzt sah ich, daß sich ein Dungwagen mit einem Pferd an der Deichsel unserer Unterkunft näherte. Wir verständigten die Kameraden, die ohnehin schon fast alle wach waren. In dem allgemeinen Aufruhr hörte ich unversehens das charakteristische „Klicken", welches das Durchladen einer Pistole anzeigt. Es ergab sich jetzt, daß zwei Landser unserer Gruppe noch Pistolen im Besitz hatten. Wir waren uns schnell einig, daß ein Waffengebrauch unter allen Umständen vermieden werden mußte. Sehr bald stellte sich jedoch heraus, daß wir einen blinden Alarm gegeben hatten. Der Landwirt, der sein Pferd am Zaum führte, bog an ei-

ner Wegkreuzung unweit unserer Scheune ab und ver-
schwand nach einiger Zeit in der beginnenden Abenddämmerung. Hinsichtlich des Waffenbesitzes der beiden Landser waren die Meinungen in der Gruppe geteilt. Ich sprach mich mit anderen dafür aus, die beiden „Nullacht" wegzuwerfen, um bei einer Festnah-
me nicht in zusätzliche Schwierigkeiten zu kommen.
Wir konnten uns mit unserer Meinung jedoch nicht
durchsetzen. Die Mehrheit, darunter auch der Oberfeldwebel, meinten, daß die Landser die Pistolen „für
alle Fälle" behalten sollten.

Bald setzten wir unseren Marsch fort. Das Wetter
war unfreundlicher geworden. Der Himmel war wol-
kenverhangen und es begann ein leichter Nieselregen.
Auch in dieser Nacht ging es zügig querfeldein. Anhand von Wegweisern mit Entfernungsangaben konnten wir feststellen, daß wir seit Nachod etwa 25 bis 30
Km zurückgelegt hatten. Diese Nacht wollten wir
noch schneller vorwärtskommen. Deshalb benutzten
wir zeitweilig Landstraßen, auf denen wir beiderseits
der Fahrbahn in Reihen liefen. Unsere Vorsicht war
einer gewissen Unbekümmertheit gewichen. Ich lief
in meiner Reihe auf der rechten Seite der Straße als
letzter Mann. Plötzlich ertönte von vorne ein Anruf:
„Stoi". Wir waren auf eine russische Sicherung auf-
gelaufen. Herumdrehen und zurücklaufen war eins.
Dies war auch wichtig, denn gleich nach dem Anruf
schoß ein russisches MG auf die Straße und dazu wurde die Dunkelheit durch Leuchtkugeln erhellt. Da ich
mich immer dann, wenn die Leuchtkugeln erloschen,
zwar nach hinten, zugleich aber auch seitwärts von

der Straße absetzte, wurde ich von den MG-Garben nicht erfaßt, auch wenn diese manchmal ziemlich dicht über mich hinweggingen. Nach etwa einem bis zwei Km wilder Flucht, die sich zunächst kriechend und dann laufend vollzogen hatte, fanden sich einige unserer Gruppe wieder zusammen.

Wir waren nur noch sechs Mann von vorher 20, die übrig geblieben waren. Die anderen Kameraden, darunter auch der Feldwebel und Hans, der lange Ostpreuße, blieben verschwunden. Entweder waren sie von dem russischen MG getroffen worden, verwundet in Gefangenschaft geraten, oder sie hatten in der Weitläufigkeit des Geländes einen anderen Weg eingeschlagen. Wir sechs setzten vorsichtig, den russischen MG-Posten weit umgehend, unsere Flucht fort.

Der verlorengegangene Oberfeldwebel war nicht nur wegen des nunmehrigen Fehlens von Karte und Kompaß ein Verlust. Er war ein Mann mit Fronterfahrung und sicherem Auftreten. Er hatte unserem Unternehmen aus meiner Sicht immer ein Stück Sicherheit gegeben. Wir konnten uns jetzt nur noch anhand von Ortsschildern und Wegweisern orientieren. Der Zwischenfall hatte uns Sechs verstört, aber auch vorsichtiger gemacht. Dementsprechend ging es jetzt erheblich langsamer weiter. Wir orientierten uns nach wie vor an der nach Westen führenden Straße, wobei wir zu dieser allerdings einen großen Abstand hielten. Gegen Morgen stießen wir auf einen Wald und versteckten uns im Waldesinnern. Unsere Stimmung, die bis dahin eher optimistisch gewesen war, befand sich durch das Auflaufen auf die russische Sicherung und

die Ungewißheit hinsichtlich des Schicksals der verloren gegangenen Kameraden auf einem Tiefpunkt.
Wir würden künftig nicht nur die Straße meiden, sondern auch außerhalb der Straßen erhöhte Vorsicht wal-
ten lassen müssen, weil wir es auch da mit russischen
Posten zu tun bekommen könnten. Die Russen saßen
offenbar nicht nur in Städten und Dörfern, sondern
auch außerhalb in Feld und Wald. Erschwerend kam
für uns hinzu, daß unsere Lebensmittel allmählich zur
Neige gingen. Auch darum würden wir uns jetzt kümmern müssen.

Bei eintretender Dunkelheit machten wir uns wieder auf den Weg. Von nun an sollte immer einer allein
der Gruppe etwa 100 m vorausgehen. Dazu wechselten wir uns stündlich ab. Auch diese Nacht war wieder diesig und regnerisch. Aber sonst war alles ruhig.
Im Wald hörte man die Tropfen von den Bäumen fallen. In der zweiten Nachthälfte kamen wir aus dem
Wald in die Wiesen- und Feldflur. Das Gelände war so
eben wie ein Pfannkuchen. Unversehens stießen wir
aber jetzt auf ein Hindernis, das wir nicht überwinden
konnten. Es war ein Fluß: die Elbe. Diese entspringt
unweit der Stadt Hohenelbe im Riesengebirge und
fließt von dort südwärts, so unseren Weg kreuzend.
Nun war guter Rat teuer.

Die Elbe stellt sich hier schon als ein recht breiter
Fluß dar, der nur schwimmend überwunden werden
konnte. Aber nur einer aus unserer Gruppe konnte
schwimmen. Wir entschieden uns entlang dem Fluß
nach Norden zu gehen. Dabei hielten wir einen gewissen Abstand vom Flußbett, weil wir befürchteten,

unmittelbar am Fluß am ehesten auf irgendwelche Sicherungen zu stoßen. Nach etwa einer guten Stunde Marsch flußaufwärts stießen wir auf eine Brücke. Zwei Leute unserer Gruppe erkundeten das Terrain. Eine Brückenwache konnte auf der Ostseite, also auf unserer Seite nicht festgestellt werden. Unser Schwimmer machte sich erbötig, hinüber zu schwimmen und sich auf der Westseite wegen einer Brückenwache umzusehen. Ich selbst war aus Gründen der Vorsicht überhaupt gegen eine Begehung der Brücke und schlug vor, solange entlang dem Fluß nach Norden zu gehen, bis wir ihn oberhalb seiner Quelle umgehen konnten. Dies hätte allerdings einen Umweg bedeutet, der uns mehrere Tage kosten würde. Inzwischen war unser Kamerad, der die Elbe schwimmend überquert hatte, wieder zurückgekommen. Er hatte vorher seine Uniform ausgezogen und bei uns zurückgelassen. Der Schwimmer hatte etwa eine Stunde für sein Unternehmen gebraucht, weil er bei der Überquerung des Flusses durch die Strömung nach Süden abgetrieben worden war. Seine Aussage, daß sich auch auf der Westseite des Flusses keine Brückenwache befinden würde, wurde nur zu gerne zur Kenntnis genommen. Nun stand also einer Benutzung der Brücke vermeintlich nichts mehr im Wege. Unbeschadet der Feststellungen unseres Schwimmers blieb ich bei meiner Skepsis, weil ich es mir einfach nicht vorstellen konnte, daß an einer so exponierten Stelle wie einer Brücke keine Wache sein sollte. Die von mir geäußerten Bedenken wurden jedoch angesichts der entgegengesetzten Feststellungen des

Schwimmers nicht ernst genommen; es blieb bei dem Beschluß, die Brücke zu benutzen. Jetzt war keine Zeit mehr zu verlieren, wenn wir noch die Dunkelheit der Nacht nutzen wollten. Wir gingen vorsichtig nach allen Seiten horchend und sichernd auf der Brücke über den Fluß; erst als wir das Wasser überquert hatten und die Brücke schon in die Uferwiesen hineinreichte, wurden wir schneller. Wir hatten es geschafft.

Kaum hatte ich dies im Sinn, da passierte es auch schon. Aus der Uferwiese flammte ein Scheinwerfer auf. Gleichzeitig ertönten aus der nahen Wiese laute Rufe: „Stoi" und „Hände hoch". Wir wurden aus einem Postenstand, der sich in der Uferwiese befand, angerufen. Wir hoben unsere Hände und standen im gleißenden Licht des Scheinwerfers. Durch seinen Standort oberhalb der Brücke, getarnt durch Farne und Sträucher, hatte unser Kundschafter den in das Erdreich eingegrabenen Postenstand nicht erkannt, wobei zusätzlich die Tatsache eine Rolle gespielt haben mag, daß er nach Süden abgetrieben worden war. Es war eine tschechische Feldwache, die uns nun - wir mußten einzeln an den Postenstand herantreten - im Empfang nahm. Wir wurden von einem gut deutsch sprechenden tschechischen Polizisten kurz verhört und dann mit einem LKW in das unweit der Brücke gelegene Städtchen Josefstadt verbracht und dort in das Gefängnis eingeliefert.

Unsere Unterbringung im Gefängnis erfolgte nicht in Einzelzellen, sondern in einer im Kellergeschoß des Gebäudes befindlichen Gemeinschaftszelle, in der sich schon etwa 20 deutsche Soldaten befanden. Vorher wurden wir in einer Liste mit unseren Personalien und dem letzten Truppenteil, dem wir angehört hatten, erfaßt. Der Raum war völlig überbelegt. Es war eine kahle Zelle ohne jede Möblierung. Nur in einer Ecke stand der obligatorische Eimer. Das vergitterte Fenster war nur etwa 50 cm breit und 30 cm hoch und ganz oben in der Nähe der Decke angebracht.

Die in der Gemeinschaftszelle befindlichen Soldaten waren erschöpft und hoffnungslos. Sie hatten schon seit Tagen nichts mehr zu essen bekommen und waren auf das angewiesen, was sie an Lebensmitteln bei sich trugen. Nur Wasser war in die Zelle hineingereicht worden. Die weitere Entwicklung sahen sie in den düstersten Farben. Nach ihrem Erzählen wurden von Zeit zu Zeit Namen von Zelleninsassen aufgerufen, die man zum Verhör brachte. Von den Abgeholten sei bisher keiner mehr zurückgekommen. Vielmehr würden von oben, vom Gefängnishof, MP-Salven zu hören sein. Daraus schloß man, daß die Soldaten nach dem Verhör erschossen würden. Angeblich würde man den auf der Flucht festgenommenen deutschen Soldaten die Zugehörigkeit oder die beabsichtigte Verbindungsaufnahme mit dem „Wehrwolf," einer in den letzten Kriegswochen von der NS-Partei gegründeten und organisierten Untergrundorgansisation, vorwerfen.

Ich war von diesen Erzählungen und Mutmaßungen zutiefst erschrocken und konnte oder wollte ihnen eigentlich gar keinen Glauben schenken. Tatsächlich wurden aber auch nach unserem Eintreffen weiterhin

Namen aufgerufen und die Aufgerufenen nach oben gebracht. Es kam keiner mehr zurück. Auch ich hörte bald danach die bereits erwähnten Salven der Maschinenpistolen. Wir Zurückgebliebenen mußten unter diesen Umständen mit dem Schlimmsten rechnen. Ich hatte mir früher überhaupt nicht vorstellen können, daß für mich das Kriegsende zugleich mein Lebensende bedeuten würde. Jetzt sah es so aus. Es sollte aber doch anders kommen.

Am späten Nachmittag wurden wir alle aus dem Gefängniskeller herausgeholt und im Gefängnishof einer russischen Bewachung übergeben. In gebrochen Deutsch erklärte uns ein russischer Soldat, daß wir zu einem in der Nähe befindlichen Kriegsgefangenenlager marschieren würden. Wir waren alle sehr erleichtert; meinten wir doch, wenigstens der unmittelbaren Todesgefahr entgangen zu sein. Vor dem Abmarsch gab es zwar nichts zu essen, aber aus einem großen Wasserkübel zu trinken.

In russischer Kriegsgefangenschaft

Unter den lauten „Dawai" - Rufen unserer russischen Bewacher setzte sich unsere kleine Kolonne in Marsch. Wir durchzogen eine Reihe größerer und kleinerer Ortschaften und waren bis spät in die Nacht unterwegs, ohne daß es Pausen gab. Dann erreichten wir das Lager, das sich in der Nähe einer kleinen Stadt auf einem großflächigen Wiesengelände befand. Es war ein riesiger Komplex und es müssen viele Tausend Soldaten gewesen sein, die man hier versammelt hatte. Es gab auch schon einen deutschen Lagerältesten, einen mittelgroßen, drahtigen Mann, wie ich später hörte ein Balte, der fließend russisch sprach. Dem Lagerältesten sah man den ehemaligen Offizier auf den ersten Blick an. Am nächsten Morgen hatte der Lagerälteste einiges bekanntzugeben. Er stand auf einer Stehleiter, die wiederum auf der Ladefläche eines russischen Militärlastkraftwagens aufgestellt war. „Alle mal herhören, folgende neue Lage" begann der Lagerälteste seine Ansprache. Er erläuterte zunächst, daß er als Dolmetscher und deutscher Lagerleiter von der russischen Lagerverwaltung eingesetzt sei. Im Ergebnis ging es ihm darum darzustellen, daß Deutschland durch den verlorenen Krieg, der von ihm verantwortet werden müsse, als Staat zu bestehen aufgehört habe „und von der Landkarte verschwunden sei". Das Deutsche Reich sei von den vier Siegermächten Rußland, USA, England und Frankreich in vier Besatzungszonen aufgeteilt worden. Alle Gebiete östlich der Oder und Neiße fielen an Polen. Die Ausführungen des Lagerältesten hörten sich so an, daß die Aufteilung Deutschlands auf die vier Siegermächte als endgültig zu betrachten sei und es ein eigenständiges Deutschland nie mehr geben würde.

Ich war erschlagen; einmal wegen des sachlichen Inhalts der Verlautbarungen des Lagerältesten, aber auch wegen der glatten Art und Weise seines Vortrages, nachdem dies alles die selbstverständlichste Sache der Welt zu sein schien. Gleichwohl erschien die große Masse der Gefangenen von der Bekanntgaben, die mir fast den Atem verschlagen hatten, wenig berührt zu sein. Ihr Gesichtsausdruck war stumpf und hoffnungslos. Im Vordergrund aller Gedanken der Gefangenen standen Essen und Trinken. Bisher war im Lager noch keine Verpflegung ausgegeben worden. Viele der Gefangenen hatten zwar noch Vorräte bei sich, den meisten schaute aber der Hunger aus den Augen. Der Dolmetscher hatte weiter bekanntgegeben, daß wir am kommenden Tag einen längeren Marsch in das Entlassungslager antreten würden. Wo dieses Lager sein sollte, sagte er nicht. An eine Entlassung aus der Kriegsgefangenschaft glaubte allerdings keiner so recht.

Am Tage wurde es auf den baumlosen weiten Flächen des Auffanglagers, in dem wir uns befanden, recht warm. Es wurde Wasser und Verpflegung in Form von zwei Scheiben Kommißbrot ausgegeben. Die Nacht unter freiem Himmel war klar und recht kalt. Es schienen die „Eisheiligen" zu sein, die uns in der Mitte des Monats Mai so kalte Nächte bescherten. Um die Kälte zu überstehen hatten wir Gefangene uns dicht hintereinander gelegt, „löffelchesweise", wie man im Vogelsberg sagt, um uns gegenseitig zu wärmen. Aber gegen Morgen hielten es die meisten auf dem leicht gefrorenen Boden nicht mehr aus und versuchten auf der Stelle tretend und mit beiden Armen schlagend wieder in die Wärme zu kommen.

Am frühen Morgen des neuen Tages marschierten wir los. Wir mußten uns vorher in Neunerreihen aufstellen. Durch die Breite der dadurch entstehenden Marschkolonne wurde die ganze Straße ausgefüllt. Unsere russischen Bewacher legten ein flottes Tempo vor. Pausenlos erklang das „Dawai! Dawai !" der Posten. Zunächst wurde auch zügig marschiert; das Tempo ließ aber bald nach. Dies hing mit der schlechten körperlichen Verfassung der Gefangenen zusammen. Die meisten, zu denen auch ich gehörte, waren geschwächt durch das fehlende Essen in den letzten Tagen, andere wiederum wurden mit der Hitze des Tages schlecht fertig. Der Himmel war klar, wie man es an solchen Tagen, die auf eine kalte Nacht folgen, oft erlebt. Die Sonne brannte von einem wolkenlosen Himmel. Dadurch wurden wir eigentlich alle auch bald vom Durst viel mehr geplagt als vom Hunger. Als in der prallen Mittagshitze seitlich der Straße die ersten Brunnen oder auch nur Wassertröge oder Tümpel auftauchten, stürzten sich gleich mehrere Gefangene völlig enthemmt und der gegenteiligen Kommandos und der Gestik der Bewacher nicht achtend, die laut brüllend zum Weitergehen aufforderten,, auf das kühle Naß.

Da erklangen unversehens eine oder auch mehrere Maschienenpistolen-Salven. Als die Bemühungen der Bewacher, die Gefangenen von der Wasserstelle abzuhalten, nicht den gewünschten Erfolg zeitigte, schossen die Wachmannschaften mit ihren MPis in die sich an den Wasserstellen bildenden Menschenknäuel. Das zeigte Wirkung: Die Gefangenen, die unverletzt geblieben waren, sprangen zurück in die weiter marschierende Kolonne. Ein Teil der Gefangenen blieb tot oder schwerverwundet an der Wasserstelle zurück. Ich sehe noch heute die Gefallenen mit verrenkten Gliedern rund um die Wasserstelle liegen; dazu kam das laute Schreien der Verwundeten. Noch einmal ratterte eine MPi, dann war alles ruhig. In gleicher Weise waren die Bewacher offenbar auch mit den Gefangenen, die in einer riesig langen Kolonne vor uns marschierten, umgegangen. Die Wasserstellen wurden geradezu kenntlich gemacht durch die Haufen von Gefallenen, die dort lagen; manchmal ein größerer und manchmal ein kleinerer Pulk. Uns allen wurde dabei unmißverständlich deutlich gemacht, wie wenig bei den Russen ein Menschenleben galt, zumal wenn es sich um deutsche Gefangene handelte.

Ich marschierte etwa in der Mitte des endlos langen Zuges, von dem ich zwar weit in der Ferne den Anfang, nicht aber das Ende sehen konnte. Auf eine ebenso rigide Art und Weise lösten die Bewacher das Problem der nicht mehr marschfähigen Landser. Gefangene die nicht mehr weiter konnten und liegen blieben, wurden, wie wir später erfuhren, auf pferdebespannte Panjewagen gelegt, die der Kolonne nachfuhren, aber erst dann, wenn sie vorher den Fangschuß, einen Genickschuß, erhalten hatten.

Am Nachmittag machte die Kolonne einen längeren Halt. Wo man stand ließ man sich umfallen. Nur die Gefangenen, die zwingenden menschlichen Bedürfnissen nachgehen mußten, schleppten sich bis zum Straßenrand und ließen sich dort nieder. Die Marschpause hatte für mich eigentlich kaum Erholung gebracht. Wir waren ja auch während der Pause der prallen Sonne ausgesetzt und zum Trinken hatte es auch nichts gegeben; von Verpflegung schon gar nicht zu reden.

Bei der Fortsetzung des Marsches war mir irgendwie, als wenn ich auf Watte gehen würde. Ich hatte
ständig mit einem leichten Schwindelgefühl zu tun
und befand mich in einer Art Schwebezustand. Im
Grunde genommen war dieser Zustand für mich eigentlich gar nicht unangenehm. Abgesehen davon,
daß mir das Marschieren eher leichter erschien, nahm
ich auch das Geschehen um mich mit einer gewissen
Distanz wahr, manchmal so, als würde ich durch einen Schleier sehen. Zeitweilig war ich mit meinen
Gedanken so weit weggetreten, daß ich gar nicht
mehr zur Kenntnis nahm, daß ich in der Gefangenen-
kolonne marschierte, sondern ich glaubte, zu Hause
zu sein.

Deutlich sah ich mein kleines eingeschossiges El-
ternhaus an der sonnendurchfluteten Dorfstraße stehen. Dann sah ich wieder meine Mutter vor dem Haus
ihrer täglichen Arbeit, dem Waschen der Kartoffeln
für die Schweine und dem Waschen der Milchkannen
nachgehen. Oder ich war in Gedanken als etwa drei-
jähriger Knirps zusammen mit meiner Großmutter,
der „Äller", unterwegs. Meine Großmutter, die mich
auf ihrem Rücken trug, oder später in einem kleinen
Wägelchen aus Holz mit sich zog, besuchte öfters ihre im gleichen Dorf wohnende verwitwete Schwäge-
rin bei „Henkels". Dort saßen dann die beiden alten
Frauen auf der Holzbank vor dem Haus, während ich
mit dem etwas älteren Sohn von Henkels, Georg
Rockel, in der Hofreite und im Garten spielte. Ich sah
dies alles so plastisch, daß ich meinte die Dinge mit
den Händen greifen zu können. Erst ein Stolpern und

ein dadurch bedingtes Hinfallen führte mich wieder in die Wirklichkeit zurück.

Mir ist von diesem ersten Marschtag eigentlich vor allem dieser ständige Wechsel zwischen Tagtraum und Wirklichkeit in Erinnerung geblieben. Gegen Abend wurde dann die Kolonne in mehrere Abteilungen aufgegliedert. Die Abteilung zu der ich gehörte, bekam als Nachquartier ein abseits der Straße gelegenes weitläufiges Sägewerksgelände mit Sägewerkshallen und riesigen Bretterstapeln zugewiesen. Dort hatten wir auch Gelegenheit, an mehreren Wasserkranen unseren Durst zu stillen. Ich hatte mir inzwischen auf dem Sägewerksgelände eine dort herumliegende leere Konservendose beschafft, so daß ich auch noch diese als Mundvorrat füllen konnte. Und noch etwas kam mir sehr zu statten, wahrscheinlich war es für mich sogar lebenserhaltend. Ich konnte meine Armbanduhr, die ich von meinem Paten Fritz Georg aus Wallenrod zu meiner im April 1939 erfolgten Konfirmation geschenkt erhalten hatte, bei einem russischen Soldaten der Wachmannschaft gegen ein halbes Kommißbrot eintauschen. Ein Kamerad aus Oberschlesien der polnisch und auch etwas russisch sprach, machte den Dolmetscher und zugleich auch den Makler. Er hatte schon vor der Übergabe mit dem Russen Fühlung aufgenommen und den Tausch vorbereitet. Der Oberschlesier war an Brot nicht interessiert. Offenbar war er noch versorgt. Ihm ging es um einige Zigaretten, die ich noch in der Brusttasche meines Uniformrockes aufbewahrt hatte und die ich ihm überließ, was mir als Nichtraucher nicht schwer fiel. Die Armbanduhr war für mich ohnehin nur bedingt verwendbar, denn sie blieb alle zwei bis drei Stunden stehen und mußte dann geschüttelt und neu aufgezogen werden. Ich hatte nur Angst, daß der Russe, wenn er in der Folge diesen der Uhr anhaftenden Mangel feststellen würde, den Tausch rückgängig machen wollte. Ich habe ihn aber nicht mehr gesehen. In dieser Nacht schlief ich in einer Halle auf einem Bretterstapel tief und traumlos.

Am nächsten Morgen wurde die Zusammensetzung der Kolonne neu organisiert. Unsere Abteilung aus dem Sägewerk wurde, aus welchen Gründen auch immer, an die Spitze der riesigen Marschkolonne gesetzt. Ich hatte während der Nacht zeitweilig mit dem Gedanken gespielt, mir in einem dee Bretterstapel einen Unterschlupf einzurichten um mich dort zu verstecken. Die Kolonne sollte dann ohne mich weitermarschieren. Ich habe diesen Gedanken aber wieder verworfen, weil ich mir im Klaren darüber war, daß unsere Bewacher das Sägewerk nach dem Abmarsch der Gefangenenabteilung außerordentlich eingehend durchsuchen würden, um zurückgebliebene Gefangene aufzuspüren. Schließlich konnte ich mir auch nicht sicher sein, daß ein „Kamerad" die Russen entsprechend verständigen würde. Und noch ein letztes: ich wußte zwar, daß nach der Genfer Konvention jedem Gefangenen grundsätzlich die Flucht aus der Gefangenschaft erlaubt sei; ich war mir aber, insbesondere nach den Verhaltensweisen der Russen auf dem Marsch, keineswegs sicher, daß unsere Bewacher dies auch so sehen würden. Wahrscheinlich hatten sie von der Existenz der Genfer Konvention gar keine Ahnung.

Bei der Neuaufstellung unserer Abteilung kümmerte sich einer der bei uns befindlichen Offiziere, ein Hauptmann, darum, daß diejenigen Gefangenen, die noch in halbwegs guter Verfassung waren, im letzten Drittel der Kolonne marschieren sollten. Wie er uns dabei erläuterte, hatte dies zwei Gründe: Einmal sollte dadurch, daß die Schwächeren der Abteilung den Anfang der Marschkolonne bildeten, zwangsläufig die Marschgeschwindigkeit reduziert werden. Zum Anderen sollten aber auch die kräftigen Gefangenen diejenigen Schicksalsgefährten, die wegen ihrer Schwäche das Tempo nicht mithalten konnten, unterstützen, und zwar in der Weise, daß jeweils zwei Kräftige einen Schwachen in ihre Mitte nahmen, um so möglichst wenige den Genickschußpraktiken unserer Bewacher zum Opfer fallen zu lassen.

Dies war von dem Offiziere sicherlich gut gemeint und wurde von der großen Mehrheit der Gefangenen auch so gesehen, nur wenn die Dinge, was die Hilfestellung gegenüber den nur noch bedingt oder gar nicht mehr Marschfähigen anbelangt, konkret wurden, sah dies dann doch anders aus. Auf einen längeren Zeitraum oder auf eine längere Wegstrecke hin gesehen konnten auch kräftige Gefangene keinen Kameraden mitschleppen, der zum Marschieren selbst schon zu schwach war. Sie liefen sonst Gefahr, sich selbst so zu verausgaben, daß sie ihrerseits in eine desolate Verfassung gerieten.

Beim Aufstellen der Marschkolonne auf der Straße sahen wir, daß eine SS-Abteilung in etwa Kompaniestärke, d.h. mit ca. 150 Gefangenen, noch vor uns aufgestellt wurde und uns voraus marschieren sollte. Aber wie sahen diese Menschen aus! Ich war erschrocken und erschüttert. Ich hatte derartiges bisher weder in der Gefangenschaft noch vorher gesehen. Die Gesichter dieser Soldaten waren teilweise bis zur Unkenntlichkeit zerschlagen. Ihre Uniformen waren zerrissen, alle waren ohne Kopfbedeckung und Fußbekleidung; sie standen barfuß auf der Straße. Manche trugen nicht einmal ein Hemd, ihr nackter Oberkörper war blutig zerschlagen.

Im weiteren Verlauf des Marsches stellte sich heraus, daß die zur SS-Abteilung gehörenden Gefangenen besonders streng bewacht und immer wieder neu geprügelt wurden. Dabei taten sich nicht einmal so sehr die Angehörigen der Wachmannschaft, sondern vor allem die tschechischen Zivilisten hervor, die beim Durchzug der Kolonne durch die Ortschaften erbarmungslos auf die SS-Männer einschlugen. Mir war das Verhalten der Bewacher und der Zivilisten gegenüber der SS völlig unverständlich. Damals wußte ich weder etwas von dem Massaker von Lidice, noch von den Konzentrationslagern als Todeslagern und dem Einsatz der SS in diesen Lagern. Was ich wußte war dies: Die Waffen-SS galt innerhalb der Wehrmacht als Elitetruppe und hatte von daher einen guten Ruf. Bei den Kämpfen an der Front war ich zwar nicht unmittelbar zusammen mit SS-Einheiten eingesetzt gewesen, gleichwohl galt auch für mich immer der Ruf der Tapferkeit und Zuverlässigkeit der Waffen-SS, wie er ihr nun einmal vorausging. Deshalb war für mich dieser Haß, wie er seitens der Russen und Tschechen gegenüber den Gefangenen aus den Reihen der Waffen-SS zum Ausdruck kam, völlig unbegreiflich.

Ich vermag mich an die Einzelheiten am zweiten Tag unseres Marsches nicht mehr zu erinnern. Deutlich wurde für uns eigentlich nur, daß auch die Russen gemerkt hatten, daß sie so wie am ersten Marschtag die Dinge nicht weitertreiben konnten. Wir waren diesmal morgens schon sehr zeitig aufgebrochen und mittags gab es eine ausgedehnte Rast von mehreren Stunden, sodass wir von der prallen Mittagshitze verschont blieben. Zum Ausgleich dafür marschierten wir dann am Abend um so länger. Dieser Tagesrythmus war aber doch leichter zu ertragen, als der des ersten Marschtages.

Eine weitere Erleichterung ergab sich für uns jetzt auch dadurch, daß wir in deutsch besiedeltes Gebiet kamen und die Bevölkerung rührend bemüht war, unser Schicksal zu erleichtern. Auf den Straßen der Dörfer und Städte, die wir jetzt passierten, standen immer Eimer und sonstige Behältnisse mit Wasser. Wir bekamen von den Menschen auch Brotscheiben und gekochte Kartoffeln zugeworfen. Es mußte dies alles während des Marsches geschehen, der deshalb nicht unterbrochen werden durfte. Bei den nach Tausenden zählenden Gefangenen unserer Kolonne konnte natürlich nur der eine oder andere eine solche Liebesgabe erhaschen. Ich gehörte nicht zu diesen Glücklichen. Allerdings konnten sich nahezu alle, auch ich, an dem kühlen Wasser laben, das für uns bereitgestellt wurde. Da ich mir das am gestrigen Tag eingetauschte Brot eingeteilt hatte, konnte ich auch gegen den Hunger etwas tun. Jedenfalls gelangte ich sowohl an diesem, als auch an den beiden folgenden Tagen nicht mehr in jenen Schwächezustand, der dieses eigenartige Gefühl zwischen Traum und Wirklichkeit vermittelte.

Die insgesamt etwas verbesserte Situation mag auch dazu beigetragen haben, daß es keine Versuche der Gefangenen mehr gab, aus der Marschkolonne auszubrechen. Die von der deutschen Bevölkerung auf die Straße gestellten, mit Wasser gefüllten Eimer ermöglichten es uns während des Marsches zu versorgen. Am Abend des dritten Marschtages übernachteten wir in einem ausgedehnten Wiesengelände das unmittelbar an unserer Straße gelegen war. Es gab wieder zu trinken und jeder Gefangene erhielt eine Scheibe Kommißbrot. Am nächsten Morgen wurde schon in aller Frühe, kaum daß der Morgen graute, zum Weitermarsch angetreten. Die Marschordnung war wie an den Vortagen; die SS-Abteilung befand sich wieder unmittelbar vor uns. Alsbald nach unserem Abrücken gelangten wir an einen kleinen Flußlauf. Die SS war schon auf der Brücke, während wir als die Spitze der großen Kolonne uns erst dem Fluß näherten. Plötzlich gab es von vorne bei der SS einen Stop, der dazu führte daß wir, die nachfolgende Kolonne, näher an die SS aufrückten. Von den SS-Leuten war einer von der Brücke in den Fluß gesprungen. Die Bewacher brüllten und schossen hinter dem Flüchtigen her. Ob dieser bei der Schießerei getroffen, oder wieder eingefangen wurde, weiß ich nicht. Möglicherweise hat der SS-Mann bereits den Sprung von der doch recht hohen Brücke in den Fluß nicht überlebt. Das Wasser war unterhalb der Brücke ziemlich reissend und das Flußbett in diesem Bereich recht schmal. Ob das Wasser tief genug war, daß ein Mensch einen Kopfsprung aus der Höhe der Brücke überleben konnte, erschien mir damals eher unwahrscheinlich. Sei es wie es sei. Der Sprung von der Brücke ist eigentlich nur durch die äußerste Verzweiflung erklärbar, in der sich dieser Mensch befunden haben muß.

Der Vorfall führte jedenfalls bei der russischen Wachmannschaft zu einem aufgeregten und lautstark geführten Palaver. Dann ertönte ein scharfes Kommando und die SS-Abteilung setzte sich wieder in Bewegung, jetzt allerdings nicht in der ursprünglichen Richtung zur Fortsetzung des Marsches auf der Straße. Die Abteilung bog vielmehr von der Straße ab und wurde auf die Uferwiese auf der gegenüber liegenden Seite des Flusses geführt. Was jetzt folgte, ging alles sehr schnell. Der Chef der russischen Bewachungseinheit traf unverzüglich eine Entscheidung, die mich bis heute, mehr als fünfzig Jahre danach, nicht losläßt und die uns alle, die wir das Geschehen damals miterlebten, zutiefst erschütterte. Die Russen brachten ein MG in Stellung und schossen solange auf die in der Wiese angetretenen SS-Männer, bis sich keiner mehr regte und alle tot am Boden lagen. Vorsorglich gingen noch einige der russischen Soldaten durch die Reihen der am Boden liegenden SS-Männer und schossen mit Maschinenpistolen auf solche Gefangene, die noch ein Lebenszeichen von sich gaben. Dies alles, vom Sprung des SS-Mannes von der Brücke, bis zur Exekution der ganzen SS-Abteilung dauerte nur wenige Minuten. Dann gab es für uns wieder ein kurzes Kommando, verbunden mit den obligatorischen „Dawai, Dawai"-Rufen unserer Bewacher, und wir marschierten weiter.

Unser Marsch ging immer noch in nordöstlicher Richtung. Am nächsten Tag gegen Mittag erreichten wir unser vorläufiges Ziel: Das Städtchen Glatz im Glatzer Bergland. Glatz war von Krieg dem äußeren Anschein nach unberührt geblieben. Als wir durch die Stadt zu dem auf der Höhe liegenden Festungs- und Kasernenkomplex zogen, glaubte man sich noch in einer heilen Welt zu befinden. Auf den Straßen sah man nur wenige russische Soldaten. Ich war zuletzt Mitte Februar 1945 als Quartiermacher für den bespannten Teil unserer Sanitätskompanie, der sich auf dem Marsch nach Bad Reinerz befand, in Glatz gewesen und hatte dort auf der Ortskommandantur verhandelt. Wir wurden nach unserer Ankunft gleich auf die leer stehenden umfangreichen Kasernengebäude aufgeteilt. Gleichwohl reichten die vorhandenen Räumlichkeiten auch bei engster Belegung nicht aus, um alle Gefangenen unserer Kolonne aufzunehmen. Deshalb wurden auch die Aussenanlagen des Kasernenkomplexes, Appellplätze, Höfe und Straßen belegt.

Da ich mich im vorderen Teil der Kolonne befand, hatte ich das Glück noch einen Schlafplatz in einer der Kasernenstuben - jeweils zwei Mann in einem Bett - zu erhalten. Hier in Glatz wurden wir noch am Tage unserer Ankunft, zum ersten mal in der Gefangenschaft, warm verpflegt. Es gab ein Eintopfessen und ich war froh, im Hinblick auf meine Konservenbüchse den Eintopf auch ziemlich zu Anfang der Austeilung in Empfang nehmen zu können. Hunger ist der beste Koch. Mir hat selten ein Eintopf so gut geschmeckt, wie die dünne Graupensuppe, die wir in Glatz bekamen.

In Glatz blieben wir nur zwei Tage; dann ging es wieder weiter und zwar in Richtung Breslau. Die schlesische Provinzhauptstadt erreichten wir am Abend des zweiten Marschtages. Was den Marsch anbelangt, kann ich mich an keine Besonderheiten mehr erinnern.

Breslau war völlig zerstört. Die schlesische Provinzhauptstadt war bekanntermaßen im Februar 1945 zur Festung erklärt worden und führte bis zum Kriegsende einen völlig aussichtslosen, verzweifelten Kampf gegen die russischen Angreifer. Der Festungskommandant hatte erst kapituliert, als jegliche Aussicht auf Entsatz von außen geschwunden war. In Breslau übernachtete unsere Kolonne im Gebäudekomplex des ehemaligen Reichssenders Breslau. Auch hier waren Gebäude und Sendeanlagen völlig zerstört. Am nächsten Morgen wurde unsere Kolonne, die dem Vernehmen nach etwa 30 000 Mann stark war, aufgeteilt. Die eine Hälfte kam in das Gefangenenlager Hundsfeld unweit von Breslau, während wir, die zweite Hälfte, weiter nach Norden, oderabwärts zogen.

Lager Dyrenfurth

Nach weiteren zwei Marschtagen erreichten wir unser endgültiges Ziel, Dyrenfurth an der Oder. Außerhalb der Stadt hatte die SS man dort während der NS-Zeit ein Konzentrationslager (KZ) gebaut. Dem Vernehmen nach sollte es sich um ein Frauen-KZ für 5000 weibliche Insassen gehandelt haben. In dieses KZ kam nun unser Transport. Das KZ war bei unserem Eintreffen bereits mit (wie erzählt wurde) 5000 Gefangenen belegt. Nun kam unsere Kolonne mit ca. 15000 Gefangenen noch dazu. Das Lager war ein KZ, wie man es sich vorstellt: Hohe Mauern mit darauf befindlichen Stacheldraht, der unter Strom stand, dazu war eine eigene Stromversorgung (Generator) vorhanden. Es gab das sogenannte Innenlager und den Zwischenbereich. Schon das Innenlager war mit unter Strom stehenden Stacheldraht umzäunt. Die äußere Einzäunung in gleicher Weise; zusätzlich war die äußere Einzäunung mit starken Scheinwerfern versehen, so daß dieser Bereich bei Nacht ausgeleuchtet werden konnte. Die Scheinwerfer waren auf den vier Wachttürmen installiert , für jede Seite ein Wachtturm. Unmittelbar bei unserem Eintreffen wurden wir aus unserer Marschkolonne heraus in Hundertschaften eingeteilt. Die im Lager befindlichen Gefangenen mußten zusammenrücken. Ich kam mit meiner Hun-

dertschaft in einen barackenähnlichen eingeschossi-
gen Bau mit einem großen Innenraum. Die Wände
des Baues bestanden aus Backsteinen; sie waren weiß
gekalkt. Das Lager befand sich insgesamt in einem
baulich guten Zustand. Alle Räume waren natürlich
angesichts der Überbelegung restlos überfüllt. Alle
dreifach übereinander stehenden Betten waren jeweils
mit zwei Gefangenen belegt. Aber auch damit konnte
noch nicht hinreichend Platz für die hundert Mann
Belegung geschaffen werden. Deshalb waren sowohl
der Vorraum als auch die Gänge zwischen den Betten
mit Gefangenen belegt.

Ich teilte mit einem Studenten aus dem Hanno-
verschen ein Bett in der 3. Etage. Um sich halbwegs
bewegen zu können lagen wir entgegengesetzt, d.h.
der Kopf des einen befand sich bei den Füßen des anderen. Für jeweils zwei Steinbaracken war eine Was-
serzapfstelle und für mehrere Baracken eine Abortan-
lage (Donnerbalken) vorhanden. Vor dem Einzug in
die Unterkünfte wurden wir von den russischen Be-
wachern sorgfältig gefilzt. Was ihnen halbwegs
brauchbar erschien, nahmen sie an sich. Ich besaß
noch meine Konservendose und ein Brotbeutel; beides wurde mir belassen. Meine Uniform, die ich erst
im April kurz vor dem Zusammenbruch von der Kammer erhalten hatte, befand sich noch in gutem Zustand. Meinen Tuchmantel hatte ich bei der eiligen
Fahrt nach Braunau weggeworfen. Dafür besaß ich
noch meine Decke, die mir auch nicht weggenommen
wurde. Unsere russischen Wachmannschaften versuchten uns von Anfang an den Schneid abzukaufen.

Weil es ihnen bei Einteilung und dem Einrücken in die Unterkünfte nicht schnell genug ging, prügelten sie erbarmungslos auf uns ein.

Gleich nachdem wir unsere Quartiere bezogen hatten, wurden wir vom deutschen Lagerleiter auf dem Appellplatz des Lagers zusammengerufen. Der deutsche Lagerleiter war ein Deutschbalte, der russisch ebenso gut wie deutsch sprach; ein großer hagerer Mann, schon grauhaarig, mit einem etwas verkniffenen Gesicht. Er trug eine deutsche Offiziersuniform ohne Rangabzeichen. Wie ich später erfuhr, war er Dolmetscher für russisch bei der Ic Abteilung (Auswertung von Feindnachrichten, Gefangenenaussagen usw.) irgendeines Stabes gewesen. Seine Tätigkeit bei Ic muß ihm später irgendwie zum Verhängnis geworden sein. Im Spätsommer war er jedenfalls vom einen auf den anderen Tag verschwunden. Der russische Kommandant hielt eine kurze, aber inhaltsreiche Rede. Er gab eine Reihe von Anordnungen, beginnend bei der Hygiene bis zum Verhalten in der Unterkunft und auf dem Lagerplatz bekannt. Jede Anordnung beendete er mit dem Satz: „Wer sich nicht daran hält, wird bestraft“. Dann sprach auch noch der Deutsche. Auch sein Credo war, daß wir uns immer genau an die Anweisungen der Lagerleitung halten sollten. Als wir in der zweiten Maihälfte nach Dyrenfurth kamen war schon eine Art deutsche Stammbesatzung für das Lager vorhanden: Verwaltung, Küche und Antifa (Antifaschistisches Lageraktiv). Die Angehörigen dieser Stammbesatzung hoben sich gegenüber den anderen Lagerinsassen durch bessere Bekleidung und besseres

Aussehen ab. Lezteres sollte im Laufe der nächsten
Monate noch stärker zutage treten, als dies jetzt bei
Beginn der Lagerzeit der Fall war. Der Leiter der Antifa und die beiden Organisatoren waren Stalingrad-
gefangene, d.h. Soldaten, die bereits zu Jahresbeginn
1943 im Kessel von Stalingrad in Gefangenschaft gekommen waren. Die drei waren abgesondert von den
übrigen Gefangenen in dem zwischen den beiden La-
gereinzäunungen verlaufenden, äußeren Lagerring
zusammen mit der russischen Bewachertruppe untergebracht und fielen mir durch ihr akurates, straffes
Auftreten und ihre gut instand gehaltenen, sauberen
Uniformen auf. Ich empfand es als angenehm, daß im
Lager, im Gegensatz zu dem Durcheinander der letzten Wochen, wieder eine gewisse Ordnung herrschte.
Dies galt sowohl für den Tagesablauf als auch für die
Verpflegung. Der Tag begann mit der Ausgabe der Tagesration Brot und einem gestrichenen Eßlöffel mit
rotem Zucker. Dazu gab es klares Wasser. Die Tagesration Brot belief sich auf 400 g. Dies war die Zuteilung für nicht oder noch nicht im Arbeitseinsatz befindliche Gefangene. Vom Gewicht her hörte sich dieser Tagessatz gar nicht einmal so schlecht an. Allerdings war das Brot bei der Ausgabe regelrecht naß
und glitschig, so daß sich dadurch die Menge doch
sehr reduzierte. Es war eine Art Kommißbrot, das in
Formen gebacken wurde. Das Brot hatte eine dunkle,
ins rötliche gehende Farbe. Offenbar wurde bereits
dem Teig eine gehörige Menge an Wasser beigegeben,
so daß es mit dem uns Deutschen geläufigen Graubrot
oder auch dem dunkleren Kommißbrot wenig gemein

hatte. Aber gleichwohl, das im Lager ausgegebene
Bot hat mir immer gut geschmeckt. Dazu kann ich nur
wiederholen: Hunger ist der beste Koch. Mittags gab
es einen Schlag Suppe und abends noch einmal die
gleiche Menge. Ich denke daß es jedesmal etwa einer
halber Liter war. Die Suppe, meist Graupensuppe,
war sehr dünn, wenn man nicht gerade das Glück hatte, unten aus dem Kessel, wo sich naheliegenderweise der Bodensatz abgelagert hatte, etwas zu bekommen. Die Suppe war also im Grunde genommen eine
Wassersuppe. Diese Tagesration war, wie wir bald
feststellen mußten, zum Leben zu wenig und zum
Sterben zuviel. Was das Letztere anbelangt, so galt
diese Aussage allerdings nur für die ersten Wochen im
Lager. Ab Mitte des Sommers sollte dies anders werden; dann kam das große Sterben. Aber zunächst noch
einmal zurück zur Ausgabe der Essensrationen. Das
Essen wurde hundertschaftsweise ausgegeben und
dann innerhalb der Hundertschaft vom Hundertschaftsführer mit Unterstützung von Helfern aufgeteilt. Was das Brot anbelangt, wurde die jedem Gefangenen zustehende Ration auf einer selbst gefertig-
ten Waage recht genau abgewogen. Ich verwende deshalb so viel Zeit auf die Darstellung der Modalitäten
der Essensausgabe, weil sich auch im Lager selbst
diese Ausgabemodalitäten und natürlich aus das Essen selbst von Anfang an als ein Mittelpunkt unserer
Überlegungen und gegenseitigen Gespräche darstellte. Man spricht merkwürdigerweise am liebsten über
das, was man nicht oder nicht genug hat. Und es war
nun einmal so, die ausgegebenen Essensrationen

reichten schlechterdings nicht aus, um den Hunger zu stillen. Sie reichten auch nicht aus, um den Bedarf des Körpers an lebensnotwendiger Nahrung zu decken. Die Unterernährung und die daraus sich notwendigerweise ergebenden Folgen waren vorprogrammiert.

Letzteres wurde mir im Laufe der nächsten Wochen bewußt, und zwar immer dann, wenn ich mich aus der waagrechten Lage in die senkrechte versetzte, beispielsweise dann, wenn ich morgens aufstand um meinen Tageslauf zu beginnen. Sobald ich hochgekommen war, erfaßte mich ein Schwindelgefühl; alles drehte sich um mich, sodaß ich mich festhalten mußte um nicht hinzufallen. Daß angesichts einer solchen Situation von allen Gefangenen auf eine genaue „Zuteilung" der Essensrationen größten Wert gelegt wurde, versteht sich von selbst.

Das Essen bildete aber nicht nur hinsichtlich der Zuteilungsmodalitäten einen wesentlichen Gegenstand aller Gespräche, sondern mehr und mehr auch die Philosophie der Essensauswahl und der Zubereitung. Dabei ging es natürlich nicht so sehr um die karge Lagerkost, sondern um die vielfältigen Möglichkeiten der Zubereitung von Mahlzeiten verschiedenster Art im normalen Leben. Ein schier unerschöpfliches Thema. Die Gefährten schwelgten geradezu in der Erörterung lukullischer Genüsse und deren Zubereitung. Und nicht genug damit, daß die verschiedensten Rezepte für die feinsten Gerichte stundenlang besprochen wurden, nein, eine Reihe von Gefangenen ging dazu über, diese Rezepturen - soweit sie über Papier und Bleistift verfügten - auch schriftlich festzuhalten, um so zu einer Art handgeschriebenem Kochbuch zu kommen. Ich selbst habe mich von solchen Diskussionsgruppen immer ferngehalten weil ich derartige Gespräche angesichts unserer Lagerwirklichkeit als eine Art Selbstkasteiung empfunden habe.

Ein weiterer wichtiger Gegenstand war für die Russen die Hygiene der Gefangenen. Schon in den ersten Tagen wurden wir alle, was unseren Haarwuchs anbelangte, einer Radikalbehandlung unterzogen. Von Kopf bis Fuß wurden alle Körperhaare von den Lagerfriseuren konsequent entfernt. Wir wurden auch immer wieder bei täglichen Zählappellen aufgefordert, die Kleidung und insbesondere Hemden und Unterhosen regelmäßig zu waschen. Dafür stand uns allerdings keine Seife und nur kaltes Wasser zur Verfügung. Das Waschen konnte in einer Ablaufrinne geschehen, in die von der Zapfstelle aus Wasser hineingeleitet wurde. Immerhin habe ich während meiner gesamten Gefangenschaft nichts mit Läusen oder anderem Ungeziefer zu tun gehabt. Das Gleiche galt auch für meine Gefährten. An diesem positiven Aspekt haben die hygienischen Bemühungen der russischen Lagerleitung sicherlich ihren Anteil gehabt.

Der tägliche Zählappell, der auf dem verhältnismäßig großen Lagerplatz stattfand, dauerte mindestens immer eine Stunde, oftmals aber auch das Doppelte. Der Umgang mit Zahlen war offenbar nicht die stärkste Seite unserer russischen Bewacher. Ich erwähnte schon, daß ich es wegen der unzureichenden Ernährung mit Schwindelzuständen nach dem Aufstehen zu tun hatte. Diese Schwindelzustände machten

mir auch bei der langen Dauer der Zählappelle zu
schaffen. Ich war deshalb immer heilfroh, wenn der
Appell sein Ende gefunden hatte, ohne daß ich umge-
kippt war. Der Schwindelzustand dauerte nie lange,
wahrscheinlich nur Sekunden und ich half mir dadurch, daß ich dann für einen Augenblick in die
Hocke ging. Ein Festhalten am danebenstehenden Kameraden hätte möglicherweise diesen in Schwierigkeiten gebracht. Ich habe eben das Wort „Kamerad"
gebraucht. Aber eigentlich hatte ich bisher einen oder
mehrere Kameraden im eigentlichen Sinne des Wortes im Lager noch nicht gefunden. Warum dies so war,
weiß ich nicht. Es mag sicherlich damit in Zusammenhang gestanden haben, daß es mir schwer fiel, an
die auch in unserer Hundertschaft sich bildenden
Gruppen und Gesprächskreise Anschluß zu finden.
Dabei mag auch eine Rolle gespielt haben, daß sich in
unserer Hundertschaft so gut wir keine Landsleute
aus Hessen, oder gar aus meiner näheren heimatlichen
Umgebung befanden. Ich hatte zeitweilig versucht
beim sogenannten antifaschistischen Lageraktiv „Antifa" etwas Anschluß zu finden. Ich muß aber gestehen, daß ich von den Sprüchen und den Tiraden der
Leute, die dort das Sagen hatten, nämlich den drei Antifa -Instruktoren, alsbald genug hatte.

Die politische Ausrichtung, wie sie uns vermittelt
wurde, bestand im wesentlichen aus einer Verherrli-
chung der Verhältnisse in der Sowjetunion und einer
Verteufelung des untergegangenen deutschen Reiches. Die Aussagen der Polit-Instruktoren zu den
„goldenen Verhältnissen" in der Sowjetunion standen

allerdings in krassem Gegensatz zu dem, was wir dort selbst gesehen hatten. Und die Gegebenheiten im russischen Gefangenenlager schienen uns auch nicht die Lobpreisungen der Antifaleute zu bestätigen. Die Instruktoren waren offenbar auf besonderen Polit-Schulen für ihre Aufgabenstellung speziell vorbereitet worden und bei den Versammlungen der Antifa verstanden sie es immer wieder, die aus ihrer Sicht allein selig machende Idee des Kommunismus mit Nachdruck zu vertreten. Gegensätzliche Meinungen ließen sie nicht gelten. Deshalb brachte es auch nicht allzuviel, sich mit den Instruktoren auf Diskussionen einzulassen, weil sie Diskussionsredner mit gegenteiligen Auffassungen in Grund und Boden redeten.

Ich ging zunächst einige Male zu den Antifa-Veranstaltungen. Einmal deshalb, weil dadurch der lange Tag verkürzt wurde, und zum anderen, weil anfänglich gerüchteweise verlautbart wurde, bei solchen Veranstaltungen würden ab und an auch zusätzliche Suppenportionen verteilt. Dieses Gerücht sollte sich jedoch ebenso wie manches andere nicht bestätigen.

Bei den Antifaveranstaltungen hörte ich auch erstmals einiges über die Verbrechen in den Konzentrationslagern, von Auschwitz und dem von der Reichsführung angeordneten und dort praktizierten Massenmord an der jüdischen Bevölkerung. Diese Informationen, die zunächst kaum glaubhaft erschienen, wirkten auf mich so, als wenn ich einen Schlag auf den Kopf erhalten hätte, von dem ich mich nur nach und nach erholen konnte.

Die Berichte über die Todeslager der SS wurden
uns um so glaubhafter, als wir auch einen Film über
die bei der Einnahme des KZ Auschwitz angetroffe-
nen Gegebenheiten mit den schrecklichen Bildern der
Leichenberge, den Einrichtungen zur Massentötung
von Menschen und den Überlebenden, die nur noch
menschliche Wracks waren, vorgeführt erhielten.

Dies war die eine Seite, nämlich das Zurkenntnis-
nehmen von Verbrechen, die seitens unserer Führung
angeordnet worden waren und für die wir als Deutsche sicherlich allesamt in irgend einer Form verant-
wortlich waren und zur Rechenschaft gezogen werden würden. Hinzu kam, daß uns die Russen, aber
auch die deutschen Antifaleute, in gleicher Weise mit
Verbrechen der Wehrmacht an russischen Gefangenen
und der Zivilbevölkerung konfrontierten. Zudem wurde uns der riesige materielle Schaden der Sowjetunion durch den deutschen Überfall im Jahre 1941 ent-
stand, vorgehalten. Alle diese auf uns einstürzenden
Negativnachrichten ließen es glaubhaft erscheinen,
daß die Russen ganz sicherlich nicht nur mit erheblichen Reparationsforderungen gegenüber Deutschland
aufwarten würden, sondern auch die deutschen Gefangenen über Jahre hinaus als Faustpfand und als bil-
lige Arbeitskräfte in ihrem Gewahrsam behalten würden. Kein Wunder also, daß die Stimmung im Lager
nicht nur durch die schlechten Lebensumstände dort
selbst, sondern auch wegen der trüben Aussichten für
unsere Zukunft recht gedrückt war.

Gleichwohl habe ich es nicht ein einziges mal erlebt, daß ein Gefangener aus dem Lager Dyrenfurth

geflohen wäre. Dies war wohl auch schlechterdings nicht möglich, denn man mußte um allein vom inneren in den äußeren Lagerbereich zu kommen, den sogenannten Todesstreifen überwinden, wobei die äußere Umzäunung aus einem hohen Stacheldrahtzaun bestand, der elektrisch geladen war.

Mir ist der Sommer 1945 im Lager Dyrenfurth als überaus heiß und schwül in Erinnerung, wobei auch die Nächte keine rechte Abkühlung brachten. In der Baracke war es nachts heiß und angesichts der Überbelegung war die Luft zum Schneiden. Soweit es mein geschwächter körperlicher Zustand zuließ, ging ich täglich einmal um den Appellplatz um ein bischen in Bewegung zu bleiben. Eines Tages, ich hatte gerade meine mittägliche Wassersuppe geschlürft, ging ich an einer zum Essenempfang angetretenen Hundertschaft vorüber. Dabei wurde der Name „Nuhn" aufgerufen. Ich erinnerte mich daran, daß mir dieser Name von meiner Tätigkeit bei der Bezirksfürsorgestelle in Lauterbach bekannt war. So schrieb sich eine Kleinrentnerin aus einer Gemeinde des Schlitzerlandes. Ich ging näher heran und fragte bei den Landsern nach dem Aufgerufenen. Es war der Hundertschaftsführer, ein schon etwas älterer Pionier-Oberfeldwebel. Auf meine Frage, ob er in der Gegend von Fulda / Lauterbach zu Hause sei, antwortete der Oberfeldwebel mit „nein". Er komme aus Heidelberg. Ich hatte mich schon abgewendet, als der Angesprochene nachschob, er komme aus Heidelberg und sei dort als Architekt tätig gewesen. Aber sein Vater stamme aus dem Schlitzer Land und seine Frau sei jetzt auch, zu-

sammen mit den Kindern, nach ihrer Ausbombung in
Heidelberg nach Bernshausen, dem Geburtsort seines
Vaters, evakuiert worden. Damit hatte sich meine erste Vermutung, daß es sich bei dem Aufgerufenen um
einen Schlitzerländer handele, in gewisser Weise doch
noch bestätigt. Ich erzählte Walter Nuhn von meinem
Heimatort. Walter kannte Lauterbach. Er war schon
wiederholt dort gewesen und hatte sich für die städte-
baulich reizvolle Lauterbacher Altstadt interessiert.
Nuhn hatte zusammen mit seiner Frau auch schon im
Vogelsberg gewandert. Bei dem Gespräch kamen wir
uns rasch näher und wir verblieben so, daß sich Walter Nuhn darum kümmern würde, daß ich zu seiner
Hundertschaft versetzt werde. Dies geschah dann
auch schon in den nächsten Tagen.

Die Versetzung wirkte sich für mich nur positiv
aus. Ich wurde eigentlich zum ersten Mal in der Gefangenschaft in einen schon bestehenden festen Ka-
meradenkreis eingebunden. Es waren etwa fünf oder
sechs Angehörige der ehemaligen Pionierkompanie
von Walter Nuhn. Darunter auch ein Landsmann aus
Bad Hersfeld, mit dem Vornamen Hans, der sich etwa
im gleichen Alter wie Walter Nuhn befand. In meinem
neuen Freundeskreis wurde lebhaft diskutiert und von
daher gestaltete sich der Lageralltag für mich doch etwas kurzweiliger. Dadurch wurde auch schon eher
einmal der Hunger vergessen. Die neuen Kameraden
erzählten angeregt von ihrem Familien, von Frau und
Kindern, von Ausbildung und Beruf und natürlich
auch von ihren vielfältigen Kriegserlebnissen; die
Pionierkompanie war schon seit Herbst 1939 zusam-

men. Mit dem Hersfelder teilte ich auch meine Lager-
statt. Die Situation hatte sich gegenüber der alten Unterkunft durch meinen neuen Schlafkameraden insofern verbessert, als ich vorher mit dem etwa 190 cm
langen norddeutschen Studiker zusammen gelegen
hatte, der wegen seiner Länge mit seinen Füßen immer vor meinem Gesicht „hantierte“. Überdies hatte
er mit Schweißfüssen zu tun. Hans war kleiner als ich,
sodaß er mir mit seinen Füßen nicht so sehr in die
Quere kam.

Unterdessen wurden wir im Lager mit einer neu-
en unheilvollen Entwicklung konfrontiert. Es trat
nämlich eine ansteckende, sich rasch ausbreitende Erkrankung auf, die sich in Durchfall verbunden mit hohem Fieber äusserte. Der Stuhl war wässrig und mit
Blut vermischt. Die deutschen Lagerärzte waren sich
nicht sicher, ob es sich bei der Krankheit um Ruhr
oder Typhus handelte. Das Ergebnis war jedenfalls,
daß die durch die Unterernährung ohnehin ge-
schwächten Kranken rasch austrockneten und schon
nach wenigen Tagen verstarben. Medikamente standen nicht zur Verfügung. Es bestand die Anordnung,
daß die von der Krankheit befallenen Gefangenen in
ein im Lagerbereich eingerichtetes Seuchenlazarett
gebracht und dort isoliert werden sollten. Die Betroffenen versuchten allerdings ihre Erkrankung möglichst lange geheim zu halten, da aus dem Seuchenlazarett, von uns als Revier bezeichnet, kaum wieder
Genesene entlassen wurden. Die weitaus meisten
Kranken verstarben im Lazarett, oder auch, wenn sie
ihre Unterbringung dort hatten vermeiden können, in

den Hundertschaftsunterkünften. Täglich mehrmals
fuhren Gefangene mit großen Pritschenwägen durch
das Lager, um die Verstorbenen aufzusammeln. Diese
Pritschenwagen waren mit mehreren Lagen von Toten
beladen, wenn sie von noch gesunden Gefangenen,
die die Wagen sowohl von vorne an Seilen zogen als
auch von hinten schoben, zu dem in der Nähe einge-
richteten Beerdigungsplatz gefahren wurden. Dort
wurden die Verstorbenen in Massengräbern beigesetzt
oder besser gesagt, verscharrt.

Auch in unserer Baracke hatten wir bald einige
Erkrankungen mit tödlichem Ausgang. Mich erwischte es in der zweiten Julihälfte. Die Beschwerden kamen in der Nacht wie angeflogen. Plötzlich bekam ich
einen heftigen Durchfall: der Stuhl wurde wässrig mit
Blut untermischt und ich konnte ihn nicht mehr unter
Kontrolle halten. Am nächsten Morgen machte ich
mich gleich auf den Weg zum Revier. Ich wollte unter
keinen Umständen weitere Kameraden meiner Hundertschaft anstecken. Beim Revier und der dort vor-
gehaltenen ärztlichen Ambulanz stand schon eine lange Schlange an. Ich reihte mich ein. Aber nach kurzer
Zeit schon klappte ich zusammen und verlor das Be-
wußtsein. Ich kam erst wieder zu mir, als ich im Revier auf der Pritsche lag. Das Revier war durch einen
langen Gang geteilt. Links und rechts befanden sich
die Schlafpritschen, d.h. Bretterverschläge, die übereinander angeordnet waren. Ich lag auf der oberen
Pritsche und war offenbar von den Sanitätern des Re-
viers nach meinem Ohnmachtsanfall dorthin gebracht
worden.

Wenn ich vorher sagte, daß ich im Revier, also im Lazarett, zu mir kam, so ist dies nur bedingt richtig. Ich befand mich eigentlich, wahrscheinlich ausgelöst durch das hohe Fieber, in einem Zustand zwischen Traum und Wirklichkeit, in dem ich meine Umgebung nur schemenhaft wahrnahm. Ich hatte keine Schmerzen und dämmerte so vor mich hin; eigentlich hatte ich so ziemlich mit allem abgeschlossen. Ich nahm auch nur im Unterbewußtsein wahr, daß die links und rechts neben mir liegenden Kranken immer wieder wechselten. Oftmals, wenn ich nach links oder rechts griff, faßte ich an einen bereits Erkalteten. Die Toten wurden von den Sanitätern nach draußen gebracht und mit dem von mir bereits erwähnten Pritschenwagen weggefahren. Dieser Zustand dauerte wohl einige Tage. Genau weiß ich dies nicht, weil mir das Gefühl für Zeit und Raum völlig abhanden gekommen war. Dann kam ich allmählich wieder zu mir. Das Fieber war zurückgegangen. Der Sanitäter und ebenso der deutsche Arzt, die täglich durch die Baracke gingen, hatten, wie sie mir später sagten, nicht mehr mit meinem Aufkommen gerechnet. Ich war aber doch wesentlich zäher, als sie mich eingeschätzt hatten. Als es mir etwas besser ging, hatte ich vor allem einen riesigen Durst. Der Sanitäter versorgte mich mit abgekochtem Wasser, in dem einige Teeblätter schwammen und das mit der offiziellen Bezeichnung „Tee" ausgegeben wurde. Überdies hatte sich der Sani erbötig gemacht von meiner Brotportion die Brotrinde zu rösten, weil nach allgemeiner Erfahrung das so geröstete Brot von den Kranken am ehesten vertragen wurde. Zum Ausgleich dafür überließ ich ihm den Weichteil des Brotes. Meine Gesundung machte Fortschritte und nach etwa zwei Wochen wurde ich aus dem Lazarett entlassen.

Auch bei meiner Hundertschaft hatte man wohl schon nicht mehr mit meinem Aufkommen gerechnet - einfach deshalb, weil eine Rückkehr aus dem Lazarett gegen alle bisher gemachten Erfahrungen verstieß. Indessen freute sich unser kleiner Kreis aber doch ehrlich über meine Gesundung.

Ich war noch sehr schwach. Aber unbeschadet der schlechten Ernährungsgegebenheiten ging es mir doch von Tag zu Tag etwas besser und meine Kräfte kehrten allmählich wieder zurück. Die Epidemie selbst befand sich ebenfalls auf dem Rückzug. Die Erkrankungen wurden täglich weniger. Dies dürfte in erster Linie damit in Zusammenhang gestanden haben, daß nur noch gekochtes Wasser („Tee") getrunken werden durfte.

In den ersten Augusttagen ging dann die Parole, daß durch eine Ärztekommission entschieden würde, wie nach gesundheitlichen Aspekten die Gefangenen den verschiedenen Gruppierungen, es war von vier Gruppen die Rede, zugeordnet würden. Im Grunde genommen ging es dabei wohl um die Frage, wer als arbeitsunfähig entlassen und oder aber zu den Transporten der arbeitsfähigen Gefangenen nach Russland eingeteilt werden würde. Da sich aber in der Folge nichts tat, wurde auch diese Information, die von den Antifa-Leuten verbreitet worden war, wie so manch andere vorher als bloßes Gerücht betrachtet.

An einem heissen Augusttag wurde das Gerücht aber dann doch Wirklichkeit. Die Hundertschaften mußten auf dem Appellplatz antreten. Eine russische Ärztekommisssion nahm die Begutachtung der Gefangenen vor, und das ging so: Die Lagerbesatzung war in Reihen hintereinander angetreten, von Mann zu Mann mußte ein Abstand von zwei Metern hergestellt werden. Die Kommission ging an der ersten Reihe, die in der beschriebenen Weise Aufstellung genommen hatte, vorbei; dann kam die nächste Reihe dran. Da die Russen ganz besonderen Wert auf das legten, was sie unter „Kultura" verstanden, mußten die Gefangenen, bis zum Augenblick des Vorbeigehens der Kommission mit den Händen ihre Hosen hochhalten, um sie erst dann, wenn die Kommission auf gleicher Höhe war, fallen zu lassen.

Das Vorbeigehen der Kommission und damit die Begutachtung der einzelnen Gefangenen erfolgte zügig, um nicht zu sagen oberflächlich. In aller Regel nahm die Kommission von den einzelnen Gefangenen kaum Notiz. Nur ganz vereinzelt, wenn das Äußere eines Gefangenen eindeutig seine Arbeitsunfähigkeit erkennen ließ, ging die Gruppe auf diesen zu und befaßte sich mit ihm. Bei dieser Vorgehensweise wurde mir klar, daß ich überhaupt keine reelle Chance hatte, als Arbeitsunfähiger aussortiert zu werden. Ich hatte schon erwähnt, daß die in Reihen angetretenen Gefangenen bis zur Begutachtung durch die Kommission ihre Hosen hoch halten mußten. Ich machte dies so, daß ich meine Hände in den beiden Hosentaschen hatte und so die Hose festhalten konnte. Während ich fieberhaft überlegte, auf welche Art und Weise ich die Aufmerksamkeit der Kommission auf mich lenken könnte, stellte ich fest, daß sich in meiner rechten Hosentasche einige Krümel Seifenreste befanden. Während des Krieges wurde zusammen mit den Marketenderwaren für die Wehrmacht eine qualitativ recht minderwertige Seife, KA-Seife genannt, ausgegeben, die bei Gebrauch zu bröseln begann und sich allmählich in ihre Bestandteile auflöste. Als ich die Seifenbrösel unter meinen Fingernägeln spürte, wußte ich mit einem Mal was ich tun sollte. Ich manipulierte mit Hilfe meines Taschentuches einige Seifenbrösel in das Bindegewebe hinter das untere Lid meines rechten Auges. Dabei gebärdete ich mich so als wenn ich eine in das Auge gefallene Mücke entfernen wollte. Nun begann ich das ganze Auge kräftig zu reiben, das als Folge des von mir bereits geschilderten Unfalles besonders anfällig gegen äußere Einflüsse war. Unterstützend drehte ich meinen Kopf nach oben und schaute so in die an diesem Tag besonders heiß und grell scheinende Augustsonne.

Die angestrebten Folgen stellten sich sogleich ein. Das Auge rötete sich und tränte so heftig, daß mir die Tränenflüssigkeit in einem fort die rechte Wange hinunterlief. Die Tränenflüssigkeit vermischte sich zusätzlich mit Blut, weil durch die andauernde massive Reibung in Verbindung mit den Seifenkrümeln offenbar auch ein kleines Blutgefäß im Bindehautbereich verletzt worden war. Unterdessen war die Kommission in unserer Reihe angelangt und näherte sich mir mit raschen Schritten. Ich wischte die letzten Seifen-

brösel aus dem Auge, steckte das Taschentuch weg
und ließ meine Hose fallen. Die Kommissionsmitglie-
der schauten mich an und - gingen weiter.

Etwa 20 m hinter der Gruppe ging eine einzelne
Ärztin, die offenbar aufgehalten worden war, oder ihre Aufgabe sorgfältiger wahrnahm. Diese kam auf
mich zu und fragte in gebrochenem deutsch, was mit
meinem Auge sei. Ich sagte nur „kaputt". Die Ärztin
rief die Kommission wieder zurück, und dem Dolmetscher konnte ich nun erklären, daß wegen eines
Unfalles mein rechtes Auge erblindet sei und sich bei
widrigen Witterungsbedingungen, zu denen auch der
heutige grelle Sonnenschein gehöre, stets entzünde.
Deshalb hätte ich bei der Wehrmacht auch nur Innen-
dienst auf der Schreibstube machen müssen. Der Dolmetscher übersetzte und die Ärztin langte mit geüb-
tem Griff an mein Gesäß. Da war wegen meiner Ruh-
rerkrankung kaum noch etwas zu greifen. Ich verwies
dazu auf meine gehabte Erkrankung. Damit war die
Sache entschieden. Der bei der Gruppe befindliche
Schreiber trug meinen Namen mit Vornamen und
meine Hundertschaft in eine Kladde ein und malte
mir zugleich mit einem breiten Rotstift ein rotes
Kreuz auf meine Brust. Der Dolmetscher sagte mir,
daß ich mich zur weiteren Untersuchung nachmittags
um fünf Uhr auf dem Sanitätsstützpunkt des Lagers
einfinden solle.

Ich war so glücklich, daß ich mich im Augenblick
gar nicht fassen konnte. Irgendwie spürte ich, daß
auch die weiteren Untersuchungen meine Arbeitsunfähigkeit bestätigen würden. So war es dann auch. Die

nachmittägliche Untersuchung erfolgte in Gegenwart von zwei russischen Ärzten durch einen deutschen Arzt. Die Vorgabe für die Eingruppierung der Gefangenen bestand darin, daß vier Kategorien bestanden. Die Gruppen eins bis drei bezogen sich auf den Umfang der Erwerbsfähigkeit; die Gruppe eins umfaßte die Stärksten und die Gruppe drei die Schwächsten der arbeitsfähigen Gefangenen. Zur Gruppe vier gehörten die Arbeitsunfähigen. Meine Eingruppierung zur Kategorie vier wurde durch die nachmittägliche Untersuchung bestätigt. Bei dieser Untersuchung hörte ich von dem deutschen Arzt zum ersten mal den medizinischen Begriff der Dystrophie. Ich war Dystrophiker, also Unterernährter.

Am nächsten Tag wurden alle zur Gruppe vier eingestuften Gefangenen in einem besonderen kleinen Lager innerhalb des Gesamtlagerkomplexes untergebracht. Dieses Dystrophikerlager war gegenüber dem übrigen Lager durch eine Drahteinzäunung abgeschottet und durfte von den anderen Gefangenen nicht betreten werden. Mit den Kameraden von meiner alten Hundertschaft konnte ich mich also nur noch über den Zaun unterhalten. In dem neuen Lagerbereich waren etwa 400 Gefangene untergebracht. Das heißt, daß von den etwa 12000 Gefangenen, die sich im Lager Dyrenfuth befanden nur etwa 3% zur Gruppe vier eingestuft worden waren. Uns wurde vom Lagerdolmetscher gesagt, daß wir in Bälde entlassen würden.

Voraussetzung hierfür sei jedoch, daß vorher alle diejenigen Gefangenen die sich Kriegsverbrechen hätten zuschulden kommen lassen, aussortiert werden könnten. Verdacht auf solche Verbrechen würde vor allem bei Angehörigen der Waffen-SS und der sogenannten Ärmelstreifendivisionen bestehen. Zu den letzteren die auf einem am linken Unterarm befindlichen Ärmelstreifen den Namen ihrer Division trugen, gehörten z.B. die Divisionen „Hermann Göring", „Großdeutschland", „Feldherrnhalle" usw. Die Angehörigen der Waffen-SS konnten die Russen verhältnismäßig einfach anhand der Blutgruppeneintragung in der linken Achselhöhle ermitteln. Die SS-Männer hatten während ihrer Zugehörigkeit zu Waffen-SS ihre Blutgruppe unter dem linken Oberarm eintätowiert erhalten. Einige SS-Angehörige hatten zwar versucht, die Blutgruppentätowierung zu entfernen und hatten dabei auch Erfolg. Es blieb dann aber immer noch die Narbe übrig, die von den Russen ebenso wie die Tätowierung selbst als hinreichender Nachweis für die SS-Zugehörigkeit angesehen wurde.

Die Antifa versuchte uns alle, die wir zur Entlassung vorgesehen waren, in diese Ermittlungen, die mehr und mehr in eine Art Hetzjagd ausarteten, miteinzubeziehen. Diese Bemühungen gipfelten in dem Hinweis, daß die gesamte Entlassungsaktion gefährdet sei, wenn nicht alle Gefangenen an dieser Ermittlungsaktion mitarbeiten und die betreffenden Kameraden melden würden. Es ging also ganz klar darum, die Angehörigen der belasteten Verbände zu denunzieren. Mir ist trotzdem nicht ein einziger Fall bekannt geworden in dem es zu einem solchen Verrat gekommen ist.

Wie ich von meinen Kameraden von der alten Hundertschaft hörte, war die Suche nach SS-Angehörigen inzwischen auf das ganze Lager ausgedehnt worden. Unterdessen warteten wir Entlassungskandidaten - immer zwischen Hoffen und Skepsis - auf den Beginn der Entlasssungsaktion. Wie man uns sagte, würde die Entlassung in drei Schüben vor sich gehen. Endlich war es soweit: Am 4. September ging der erste Transport. Die Russen, denen wir ja immer zutiefst mißtrauten, hatten doch Wort gehalten: Es ging nach Hause. Genau eine Woche später, am 11. September ging der zweite Transport zu dem ich eingeteilt worden war. In der Nacht vorher habe ich kaum ein Auge zugemacht. Ich hatte einfach die Sorge, daß ich am nächsten Morgen irgendwie das Wecken versäumen und dann nicht rechtzeitig zum Abmarsch kommnen würde. Am letzten Tag kamen noch einmal mehrere Angehörige meiner alten Hundertschaft an den Lagerzaun, um sich von mir zu verabschieden. Kamerad Nuhn sagte ich zu, daß ich seine Frau nach meiner Heimkehr nach Allmenrod so bald als möglich in Bernshausen aufsuchen würde, um sie von unserem Zusammentreffen im Lager Dyrenfurth zu benachrichtigen. Ebenso würde ich die Angehörigen der anderen Kameraden, die mir ihre Heimatanschrift mitgegeben hatten, schriftlich benachrichtigen.

Heimkehr

Am 11. September wurden wir schon früh gegen 5 Uhr geweckt. Es war noch dunkel, als wir zum großen Tor des Lagers geführt wurden. Hier erhielten wir nach namentlichem Aufruf unsere Entlassungsscheine und ebenso unsere Verpflegungsration für die Heimreise. Diese bestand aus einem kleinen Leinenbeutel, der mit gedörrtem Brot gefüllt war und fünf Eßlöffeln Zucker, die ich mangels anderer Möglichkeiten in meinem Taschentuch verstaute. Die Ausgabe dieser Utensilien erforderte ihre Zeit. Als dann das Tor geöffnet wurde und wir das Lager verlassen konnten, graute dann doch schon der Morgen.

Ich hatte angenommen, daß sich die ganze Kolonne unmittelbar nach der Öffnung des Lagertores auf den Weg machen würde, um zunächst einmal aus dem Dunstkreis des Lagers herauszukommen. Aber weit gefehlt. Die große Masse der Heimkehrer ließ sich in unmittelbarer Nähe des Lagers, fast gegenüber dem Lagereingang, auf der Wegböschung nieder, um erst einmal zu frühstücken, d.h. einen Teil der Marschverpflegung zu verzehren. Sicherlich war es auch so, daß viele der Entlassenen kräftemässig doch noch wesentlich schlechter beisammen war als ich. Dabei spielte auch eine Rolle, daß das Antreten vor dem Lagertor verbunden mit der Ausgabe der Entlassungsscheine und der Marschverpflegung nahezu zwei Stunden gedauert und deshalb schon viel Kraft gekostet hatte.

Jedenfalls hatte ich nicht die Absicht hier beim Lager noch länger zu verweilen und so wie ich dachten offenbar auch noch einige andere. Jedenfalls bildete sich alsbald eine kleine Gruppe von insgesamt sieben Schicksalsgenossen, die sich ohne weiteres Zögern in Richtung Liegnitz auf den Weg machte. Unser Lager lag östlich der Oder, so daß wir den am Lager vorbeiführenden Weg in Richtung Oder marschierten. Inzwischen war die Sonne aufgegangen und es meldete sich ein schöner Altweibersommertag an. Nur in der Oderniederung, der wie uns nach etwa 2 bis 3 Km Fußmarsch näherten, hingen noch ein paar Nebelschwaden.

Unser Weg hörte am Oderufer unversehens auf; eine Brücke war nicht vorhanden. Wir sahen aber, daß sich auf der gegenüber liegenden Oderseite ein Fährhaus befand. Ob sich dort noch jemand aufhielt konnten wir allerdings auf die Entfernung - die Oder ist bei Dyrenfurth etwa 1000 m breit - nicht feststellen. Auf gut Glück riefen wir im Chor „Hol über". Tatsächlich hatte unser Rufen Erfolg. Wir konnten alsbald feststellen, daß sich uns über die Oder ein Kahn näherte, in dem sich ein etwa 13 bis 14-jähriges Mädchen befand, das uns übersetzte. Das Mädchen sagte uns, daß die Gebühr für das Übersetzen pro Person 20 Pfg. sei. Bei dieser Gelegenheit wurde uns bewußt, daß die Reichsmark doch noch einen gewissen Wert hatte. Eine Tatsache, mit der wir eigentlich gar nicht mehr gerechnet hatten. Das Mädchen hatte uns sieben Heimkehrer in ihrem Ruderboot unterbringen können. Sie erzählte uns, daß der Übersetzverkehr über die Oder fast ganz zum Erliegen gekommen sei. Nur vor einigen Tagen habe sie auch eine Abteilung von entlassenen Kriegsgefangenen aus dem Lager Dyrenfurth über die Oder gebracht. Nachdem wir uns nach unserer Ankunft auf der rechten Oderseite noch nach dem Weg nach Liegnitz erkundigt hatten, zogen wir gleich weiter.

Nach einigen Km kamen wir von dem Nebenweg, den wir bisher begangen hatten, auf die Reichsstraße, auf der Liegnitz ausgeschildert war. Unseren Durst, der sich inzwischen eingestellt hatte, konnten wir an einem vorbeifließenden Bach löschen. Das klare Quellwasser schmeckte ganz ausgezeichnet. Nach einer Weile hörten wir Motorengeräusch. Von rückwärts näherte sich ein LKW. Auf der Ladefläche des Fahrzeugs saßen einige russische Soldaten. Kurz entschlossen, fast in einer Art Übermut, blieb ich am Straßenrand stehen und winkte dem Fahrer zu. Dieser hielt an. Ein auf dem Fahrzeug sitzender russischer Soldat fragte in gebrochenem deutsch wohin wir wollten. Auf meine Antwort, daß wir auf dem Wege nach Liegnitz zum Bahnhof seien, luden uns die Russen nach kurzer Beratung ein mit ihnen nach Liegnitz zu fahren. Das ließen wir uns nicht zweimal sagen. Mit Unterstützung der Russen kletterten wir auf die Ladefläche des LKW und dann ging es gleich weiter. Die Russen hielten ab und zu bei verschiedenen Einheiten an, um Versorgungsgüter auf- oder abzuladen. Die Reichsstraße war ohne jeden Verkehr. Nur ab und zu überholten wir ein Panjefahrzeug mit dem offenbar Polen auf dem Weg nach Westen waren.

Gegen Mittag machten die Russen eine längere Pause. Seitwärts der Straße wurde, nachdem Holz und

Reisig zusammengetragen worden war, ein Feuer ent-
zündet. Die Russen bereiteten eine Art Grütze - sie
deuteten darauf und sagten „Kascha" - und ließen es
sich nicht nehmen, uns, nachdem sie gegessen hatten,
zum Verzehren des restlichen Mahlzeit einzuladen.
Auch dieses Angebot nahmen wir natürlich dankbar
an und aßen dazu von unserem getrockneten Brot, das
wir in der Grütze aufweichten. Es dunkelte schon, als
wir das Stadtgebiet von Liegnitz erreichten. Die Russen fuhren uns direkt zum Bahnhof, weil sie befürchteten, daß wir sonst möglicherweise von polnischer
Miliz angehalten und erneut in ein Lager gebracht
würden. Die Polen würden uns dann, so unsere russischen Helfer, die russischen Entlassungsscheine ab-
nehmen. Man merkte den Russen an, daß sie von
ihren polnischen Waffenbrüdern nicht allzuviel hielten. Die Russen verabschiedeten sich nach unserem
Eintreffen auf dem Bahnhof von uns und wir bedank-
ten uns herzlich für ihr vielfältiges Entgegenkommen.
Wir hatten an diesem Tag die Russen einmal von einer außerordentlich positiven Seite kennen gelernt.

Auf den Gleisen stand nur ein Personenzug. Wie
wir von dem polnischen Bahnhofspersonal erfuhren,
sollte dieser Zug gegen Mitternacht in Richtung Görlitz und damit zur neuen deutsch-polnischen Grenze
fahren. Wir suchten uns in dem noch nicht voll besetzten Zug Sitzplätze. Es war unterdessen etwa 21
Uhr geworden. In dem Zug saßen, wie wir alsbald
feststellten, eine Reihe deutscher Familien, meistens
Frauen und Kinder, die die Reise nach dem Westen
antreten wollten, oder besser gesagt antreten mußten.

Ihre geringe Habe, die sie mit sich führen durften, hatten sie in Koffern und Säcken auf den Ablagen im Abteil untergebracht .

Ich war angesichts des hinter uns liegenden aufregenden Tagesgeschehens und der vorherigen weitgehend durchwachten Nacht gleich etwas eingeschlafen, als ich durch das Aufschreien der Frauen und Kinder geweckt wurde. Was ich sehen mußte, entsetzte mich. Russische Soldaten machten sich offenbar einen Sport daraus, den im Zug befindlichen deutschen Vertriebenen auch das Letzte noch abzunehmen, das ihnen die Polen gelassen hatten. Sie gingen dabei folgendermaßen vor: Zu zweit oder dritt betraten die Russen das Abteil und setzten sich auf freie Sitzplätze, oder hockten sich auf den Boden des Abteils. Plötzlich sprangen sie auf, jeder griff nach einem Koffer oder einem gefüllten Sack und mit einem Sprung waren sie wieder draußen auf dem Bahnsteig und suchten mit ihrer Beute in der Dunkelheit das Weite. Dieses Spiel wiederholte sich immer wieder, wobei man angesichts auch der im Inneren der Wagen herrschenden Dunkelheit nicht feststellen konnte, ob es immer dieselben Russen waren, die sich in dieser Weise räuberisch betätigten, oder jeweils andere. Für die bestohlenen deutschen Familien blieb sich das auch gleich. In jedem Falle verloren sie so noch ihre letzte Habe. Sowohl die deutschen Zivilisten als auch wir entlassene Soldaten waren so eingeschüchtert, daß gegen die Diebe nichts unternommen wurde. Auch das polnische Zugpersonal ließ die Russen gewähren. Ich selbst hatte an nur einem Tag zwei sich völlig entgegengesetzte Gesichter und Verhaltensweisen der Russen kennengelernt: Die einen waren in hohem Maße anständig und entgegenkommend, die anderen waren Diebe und Schlimmeres.

Endlich war es soweit und der Zug setzte sich in Bewegung. Ich bin dann wieder eingeschlafen und erwachte erst am nächsten Morgen als wir auf dem Bahnhof in Bunzlau einen längeren Halt hatten.

Hier wurde eine größere Abteilung deutscher Flüchtlinge von den Polen in unseren Zug verfrachtet. Die Polen hatten sich dazu eine besonders perverse Vorgehensweise ausgedacht. Die deutsche Gruppe, die für diesen Tag zur Ausweisung anstand, wurde von einer polnischen Musikkapelle mit klingendem Spiel zum Bahnhof gebracht. Man kann sich gut vorstellen, mit welchen Gefühlen die deutschen Landsleute diese aus der Sicht der Polen besonders originelle Art ihrer Vertreibung aus der Heimat erlebten.

Am Nachmittag erreichte unser Zug nach erneuten wiederholten Aufenthalten auf Bahnhöfen und freier Strecke Görlitz. Wir überfuhren die Lausitzer Neisse und befanden uns nun im deutsch verwaltetem Gebiet, d.h. in der russischen Besatzungszone. In Görlitz endete der Liegnitzer Zug. Wir konnten aber alsbald einen Personenzug nach Cottbus besteigen der uns nunmehr in nordwestliche Richtung brachte.

Man hatte den Eindruck, daß hier im Zugverkehr schon eine gewisse Ordnung hergestellt worden war. In der Nacht kamen wir nach Cottbus. Der Bahnhof Cottbus war Endstation für unseren Zug.

Der Bahnhof war unglaublich überfüllt. In allen Räumen des Bahnhofsgebäudes saßen und lagen Reisende. Ich zog es deshalb vor, den Rest der Nacht in einer vom Wind geschützten Ecke unter freiem Himmel zu verbringen. Am nächsten Morgen konnten wir dann die Weiterfahrt in westlicher Richtung antreten. Der Zug in Richtung Leipzig fuhr schon um 6 Uhr ab. Nun ging es in verhältnismäßig zügiger Fahrt nach Westen. Von der Fahrt über Dresden war uns wegen der ausgedehnten Zerstörung des Gleissystems bei dem Bombenangriff im Februar abgeraten worden. Wir fuhren also über Leipzig nach Erfurt, das wir am frühen Nachmittag erreichten. Von dieser Fahrt ist mir noch in Erinnerung, daß ich von einer neben mir sitzenden Mitreisenden, einer älteren Frau, mit der gebotenen Vorsicht durch einen heimlich ins Ohr gesprochenen Hinweis darauf aufmerksam gemacht wurde, daß ich mich mit kritischen Äußerungen über die Besatzungsmacht sehr zurückhalten müßte. Es könnte mir sonst passieren, daß ich schneller wieder hinter Stacheldraht sitzen würde als mir dies lieb sein könnte. Der gut gemeinten Warnung der neben mir sitzenden Frau lag zugrunde, daß ich im Gespräch einige skeptische Bemerkungen über die Situation im russischen Kriegsgefangenenlager gemacht hatte. Meine Nachbarin deutete an, daß man vor Spitzeln der Besatzungsmacht nirgends sicher sei. Daraufhin hielt ich meinen Mund.

In Erfurt wurden wir in dem unweit des Bahnhofs gelegenen Langemark-Gymnasium warm verpflegt.

Der Teller Erbsensuppe war ein Genuß. Unterdessen hatte unsere Dyrenfurther Gruppe eine Reduzierung erfahren: Drei Kameraden aus Berlin und Mecklenburg waren nicht mit nach Erfurt gefahren, sondern hatten unterwegs einen Zug in Richtung Norden bestiegen.

Wir waren jetzt noch zu viert und für uns stellte sich die Frage, wie es weiter gehen sollte. Dabei wurden wir zunächst recht unangenehm überrascht durch die offizielle Verlautbarung bei der Essensausgabe im Langemark-Gymnasium, daß die in den Westzonen beheimateten, entlassenen Kriegsgefangenen ein Zonendurchgangslager in der Nähe von Eisenach aufsuchen müßten, um von dort aus im Austausch mit Gefangenen der westlichen Gewahrsamsmächte die in die SBZ (Sowjetische Besatzungszone) wollten, über die Zonengrenze gebracht zu werden. Ein nochmaliger Lageraufenthalt war gerade das was wir „suchten". Da in aller Regel mehr Heimkehrer aus dem Osten in den Westen wollten als umgekehrt, könnte dies durchaus noch einmal einen mehrtägigen Aufenthalt im Durchgangslager bedeuten. So wurden wir informiert. Es stellte sich jedoch heraus, daß es auch noch andere Möglichkeiten gab. Im Gespräch mit Schicksalsgefährten die ebenfalls in die amerikanische Zone wollten, ergab sich, daß man auch „schwarz" die Zonengrenze überschreiten könne. Für einen solch illegalen Grenzübertritt wurde als Geheimtyp der Thüringer Wald, und zwar das unmittelbar an der Zonengrenze gelegene Städtchen Sonneberg gehandelt.

Diese Empfehlung fiel bei unserer Restgruppe auf fruchtbaren Boden. Also auf nach Sonneberg. Zum Bahnhof zurückgekehrt erfuhren wir, daß ein Zug nach dem Süden mit der Endstation Sonneberg bereits abfahrtsbereit sei. Das bestätigte sich auch so. Allerdings sollte sich diese Fahrt in den Thüringer Wald als ein echtes Drama herausstellen. Als wir bei dem schon unter Dampf stehenden Personenzug, einer Kleinbahn älterer Bauart, ankamen, war dieser bereits restlos übersetzt. Die Reisenden saßen und standen nicht nur im Zug selbst, sondern ebenso auf den Einstiegen und den Puffern zwischen den einzelnen Wagen. Schließlich lagen und saßen eine Reihe von Leuten auf dem offenen Kohlenwagen. Wie wir also hier noch eine Mitfahrgelegenheit bekommen sollten war mir zunächst völlig schleierhaft. Kurz entschlossen turnten wir auch noch auf den Kohlenwagen, wobei wir hier fast übereinander saßen, und schon fuhr der Zug ab.

Es war dunkel, etwa zwischen 21 und 22 Uhr, als wir in Sonneberg ankamen. Dort hatten sich offenbar schon gewisse Vorgehensweisen für die Unterbringung und Durchschleusung der Grenzgänger herausgebildet. Wir wurden schon am Bahnhof zum Feuerwehrdepot verwiesen. Auf dessen Dachboden war eine Art Schlafsaal für die Durchreisenden eingerichtet. Wir waren eine stattliche Gruppe, die sich zum Feuerwehrdepot in Bewegung setzte; es mögen zwischen 20 und 30 Personen gewesen sein, die die empfohlene Übernachtungsmöglichkeit in Anspruch nahmen, und zwar nicht nur Soldaten, sondern auch eine Reihe von Zivilisten. Es wurde empfohlen, am nächsten Morgen recht früh zum Grenzübertritt aufzubrechen; am besten noch vor Anbruch des Tages, weil dies erfahrungsgemäß die beste Zeit sei. Ebenso wurden wir in der Dunkelheit vor dem Feuerwehrhaus stehend in die Richtung zur „grünen" Grenze eingewiesen. Auch in dieser Nacht konnte ich kaum schlafen. Ich fürchtete den rechtzeitigen Aufbruch zu versäumen.

Am nächsten Morgen, noch bei voller Dunkelheit setzten wir Dyrenfurther uns als erste aus der Unterkunft ab. Das mit der Einweisung am vorausgehenden Abend war doch etwas oberflächlich gewesen, denn als wir aus dem Städtchen herauskamen, waren wir uns doch sehr im Zweifel darüber, wohin wir nun gehen sollten. Da sahen wir in einem etwas außerhalb stehenden Gehöft Licht. Wir gingen auf das Haus zu. Es war ein Bauernhof. Wir trafen dort ein etwa 15 bis 16-jähriges Mädchen an, das im Stall die Kühe gemolken hatte. Auf unsere Frage, wie wir am besten zur Zonengrenze gelangen würden, lächelte das Mädchen verschmitzt und sagte dann, daß sie noch eben die Milch seihen werde um dann dem auf ihrem Acker befindlichen Gemeindeschäfer, der dort den „Pferch" aufgeschlagen habe, das Frühstück zu bringen.

Diese Tätigkeiten waren mir als einem vom Dorfe stammenden jungen Mann durchaus vertraut. Es war klar, daß die Milch, bevor sie vom Milchwagen zur Molkerei gebracht wurde, „geseiht" werden mußte. Das Seihen geschieht in der Weise, daß man über die Milchkanne ein weißes Tuch spannt, nämlich das

Seihtuch, über das dann die im Melkeimer befindliche
Milch gegossen wird. Im Seihtuch bleiben die Verun-
reinigungen der Milch hängen. Die Aussage des
Mädchens, dem Schäfer das Frühstück bringen zu
wollen, stand damit in Zusammenhang, daß die Schafe über Nacht in den sogenannten „Pferch" gebracht
werden. Der Pferch besteht aus den Schafhürden, einem Stück Holzzaun, die aneinandergereiht und im
Rechteck oder im Quadrat geordnet, den Pferch ergeben. Da im Pferch die Schafe auf verhältnismäßig engem Raum übernachten, ergibt sich daraus ein Dün-
gungseffekt, der zur damaligen Zeit von den Land-
wirten für ihre Äcker gerne in Anspruch genommen
wurde. Der „Pferch" wurde im wöchentlichen oder
zweiwöchentlichen Turnus von den Schafhaltern ver-
steigert und der jeweilige Steigerer übernahm mit der
Zuschlagserteilung auf sein Gebot zugleich auch die
Verpflichtung, während dieser Zeit den Schäfer zu
verköstigen.

Das Mädchen ging, nachdem es seine Verrichtungen im Hause erledigt hatte, im einen Arm den Frühstückskorb und im anderen Arm die in ein Tuch eingebundene Kaffeekanne mit dem heißen Kaffee, mit
uns in Richtung Grenze. Wie es uns sagte, sei der
Standort des Schäfers in deren unmittelbarer Nähe,
sodaß sie uns in die örtlichen Gegebenheiten des
Grenzverlaufs gut einweisen könne. Wir hatten etwa
eine knappe Stunde zu gehen und als wir am Acker
bei den Schafen ankamen war es schon hell geworden. Wir konnten von unserem Standort aus den
Trampelpfad der Posten, der mit dem Grenzverlauf

identisch war, gut erkennen. Wir vier hielten uns hinter der Schäferhütte in Deckung. Der Schäfer befasste sich gleich mit dem Frühstück. Der Kaffee durfte nicht kalt werden. Unsere Führerin hatte uns bereits die Eigentümlichkeiten des Ablaufens der Grenze durch die russischen Grenzposten erklärt. Danach hatte jede Doppelstreife der Russen, also jeweils zwei Soldaten, einen Postenabschnitt von etwa 400 bis 500 Metern zu gehen. Nach dem Abgehen dieser Strecke traf sich die Doppelstreife mit dem von der anderen Seite auf sie zukommenden Doppelposten. Die beiden Streifen gingen dann ihren jeweiligen Abschnitt zurück um sich auf der entgegengesetzten Seite ihres Abschnitts in gleicher Weise mit den Doppelposten der Nachbarabschnitte zu treffen. Nach dem Zusammentreffen und dem sich daran anschließenden Auseinandergehen der beiden Streifen war also für ein Überqueren der Grenze mit der gebotenen Vorsicht der Weg kurzfristig frei.

Wir warteten das nächste Aufeinandertreffen der beiden Doppelposten ab und überschritten zunächst gehend und nach beiden Seiten sichernd, dann die letzten hundert Meter kriechend die Grenze.

Auf der Westseite der Zonengrenze angekommen nahmen wir die Beine in die Hand und liefen so schnell wir eben konnten nach Westen. In der Ferne zeichnete sich ein Kirchturm mit Häusern ab. Wir kamen in das in unserem Bereich der Grenze am nächsten gelegene bayerische Dorf. Der Name des Dorfes ist mir nicht mehr erinnerlich; es lag im Landkreis Coburg.

Bei unserem Eintreffen setzte sich gerade der Milchwagen des Dorfes, der von einem uralten Lanztraktor gezogen wurde, zur Coburger Molkerei in Bewegung. Der Fahrer hielt an und erklärte sich bereit, uns mitzunehmen. Nun ging es nach Coburg. Dort angekommen stiegen wir bei der städtischen Polizeiwache ab und meldeten uns bei der Polizei. Ein Polizist ging mit uns Vieren zu der in der Nähe befindlichen amerikanischen Stadtkommandantur. Hier erhielten wir nach Vorlage unseres Entlassungsscheines den sogenannten „Registrierschein" ausgestellt, der uns den legalen Aufenthalt in der amerikanischen Besatzungszone gestattete. Bei der Polizei hatten wir erfahren, daß der Zugverkehr von Coburg aus noch nicht wieder in Gang gekommen sei. Der nächste in Betrieb befindliche Bahnhof befinde sich in Lichtenfels. Von dort aus könne man dann mit der Bahn weiter in Richtung Bamberg / Würzburg fahren. In Würzburg würden sich dann die Wege von uns vier Heimkehrern trennen. Zwei wollten nach Süden, der Dritte in die französische Zone und ich ins Hessische.

In Coburg gingen wir zum Ernährungsamt und ließen uns Lebensmittelmarken geben. Der auf der Rückseite meines russischen Entlassungsscheines befindliche Vermerk des Ernährungsamtes B der Stadt Coburg dokumentiert, daß wir am 14. September 1945 in Coburg waren. Ich hatte in meinem Brustbeutel noch etwa 50 Reichsmark und konnte mich davon dann unter Inanspruchnahme der Lebensmittelmarken erst einmal verköstigen. Überdies gab es beim Roten Kreuz in Coburg einen Teller Linsensuppe und ein

Stück Brot. Nun brauchte ich nicht mehr zu hungern. Bei der Suppenausgabe erfuhr ich, daß seitens der Stadtverwaltung eine Anordnung für alle Lastwagenfahrer dahingehend bestehe, daß diese bei der Ausfahrt aus Coburg auf der Ausfallstraße an einem bestimmten Haus anhalten müßten, um Reisende, die zum Lichtenfelser Bahnhof wollten mitzunehmen. Angesichts dieser Information ließ ich mir die Gelegenheit zur Fortsetzung der Heimreise nicht entgehen. Die anderen drei wollten - es war inzwischen später Nachmittag geworden - in dem bei der Polizeiwache befindlichen Übernachtungsquartier noch die Nacht zubringen und erst am nächsten Tag weiterreisen. Wir trennten uns.

Ich ging allein zu dem mir angegebenen LKW-Haltepunkt an der nach Lichtenfels führenden Bundesstraße. Hier warteten schon einige Reisende, die ebenso wie ich zum Bahnhof wollten. Der LKW-Verkehr auf der Straße war rege. Ich brauchte nicht lange zu warten und konnte dann auf die Ladefläche eines haltenden LKW aufsteigen. Schon nach einer knappen Stunde war ich am Lichtenfelser Bahnhof. Ich erreichte noch eben einen in Abfahrt begriffenen Güterzug dessen Fahrtziel Würzburg war.

Wir setzten uns auf die offenen Güterwagen. Der Zug hatte Kohle und Holz geladen. In Bamberg hatten wir nochmals einen längeren Aufenthalt. Nach Mitternacht erreichten wir schließlich Würzburg und damit die Endstation. Schon vom Bahnhof her konnte man in der mondhellen Nacht die riesigen Verwüstungen sehen, wie sie durch die Luftangriffe entstanden waren. Auch der Bahnhof selbst war ein großer Trümmerhaufen.

In Würzburg ging es nun darum, einen Anschlußzug nach Fulda zu finden. Auch hier wurde ich bald fündig. Es stellte sich heraus, daß ein anderer Güterzug über Fulda nach Kassel fahren würde und schon nach einer knappen halben Stunde ging es weiter. Auch auf diesem Zug saßen die Reisenden auf den offenen Waggons. Es war inzwischen recht kalt geworden und der Fahrtwind half noch mit dazu, daß ich fror wie ein Schneider. Ich war recht froh, als ich nach der Fahrt über Hanau und durch den Distelrasentunnel morgens bei Tagesgrauen in Fulda ankam. Hier erfuhr ich nun, daß die Vogelsbergstrecke, d.h. die Bahn über Lauterbach, Alsfeld nach Gießen, noch nicht voll befahrbar sei, und zwar könne man in diesen Zug erst hinter der noch zerstörten Brücke über die Fulda einsteigen. Der nächste Zug nach Lauterbach würde aber erst um 16 Uhr gehen.

Ich hatte eigentlich nun das erste mal auf meiner Rückreise aus der Gefangenschaft einen längeren Aufenthalt. Diesen benutzte ich dazu, zunächst einmal einen Friseur aufzusuchen, um mir die Haare schneiden zu lassen. Ich fing also schon wieder an eitel zu werden. Tatsächlich hatte der Friseur mit seinen Bemühungen einen gewissen Erfolg zu verzeichnen. Der letzte im Lager erfolgte Haarschnitt, der immer auf einen Glatzenschnitt hinauslief, lag nun schon einige Wochen zurück, und dadurch, daß der Friseur zwar die Haare an den Seiten wegnahm, aber sie auf dem „Plateau" stehen ließ, wurde der Gesamteindruck doch erheblich in Richtung eines zivilen Aussehens verbessert, zumal ich mich auch gleich rasieren ließ. Dann nahm ich in einer Fuldaer Gaststätte, die Lebensmittelmarken machten es möglich, eine warme Mahlzeit ein. Gestärkt mit einem Teller dicker Erbsensuppe machte ich mich auf den Weg zur Fulda-Brücke, hinter der der Zug abgehen sollte.

Als ich dort kurz nach 3 Uhr ankam, war schon eine Reihe von Reisenden versammelt. Ich traf hier einen Schulkameraden aus Sickendorf, Willi Dechert, der wegen der Folgen einer Kinderlähmung nicht eingezogen worden war. Ich war natürlich neugierig zu erfahren, wie mein Heimatdorf Allmenrod den Krieg überstanden hatte. Zunächst kannte mich Willi nicht. Auf meinen Gruß und meine Frage schaute er mich irgendwie zweifelnd an und sagte: „Wer bist denn Du, ich kenn Dich nicht". Ich schien mich also in den Jahren meiner Abwesenheit, am meisten wohl ausgelöst durch die Kriegsgefangenschaft, erheblich verändert zu haben. Schließlich konnte ich ihm aber doch verdeutlichen, wer ich war. Seine Auskunft in Bezug auf die Allmenröder Gegebenheiten war jedenfalls positiv. Es hätten keine Kampfhandlungen stattgefunden und es sei alles in Ordnung. Diese Auskunft von Willi Dechert sollte sich alsbald bestätigen.

Lauterbach, das wir nach kurzer Fahrt erreichten, lag im spätnachmittäglichen Sonnenschein und war so geblieben, wie ich das Städtchen in Erinnerung hatte. Ich ging die Bahnhofstraße hoch, am Landratsamt vorbei und traf in der Rockelsgasse die Inhaberin der Bäckerei Alles, Frau Ernestine Alles, die mir zunächst einmal, sozusagen zum Einstand, einen Weck schenkte. Frau Alles und ich kannten uns seit meiner Kindheit und meinen Lehrjahren in Lauterbach, in denen ich öfteres in ihrer Bäckerei Besorgungen zu erledigen hatte. Im Gegensatz zu Willi Dechert wußte sie auch gleich wer ich war, wenn sie mich auch nicht mit „Herr Georg", sondern mit „Herr Rockel" ansprach. Das hatte sie schon immer so gemacht. Die Ernstine sagte mir noch, daß ich am besten bei ihr warten solle, weil in einigen Minuten Otto Schmelz mit seinem DKW bei ihr vorbeikommen würde, um Brot mitzunehmen. Otto Schmelz, der wegen der Folgen einer Kinderlähmung nicht eingezogen worden war, und in Lauterbach bei der NSV (NS - Volkswohlfahrt) arbeitete, wohnte vor seiner Verheiratung in Allmenrod bei seinen Eltern. Ich war schon früher, zumal während der Wintermonate, öfters einmal in seinem DKW-Reichsklasse mitgefahren. Ich setzte mich auf die Treppe vor „Allese" und aß meinen Weck. Da kam auch schon Otto Schmelz mit seinem PKW gefahren um sein Brot mitzunehmen.

Otto Schmelz, der inzwischen geheiratet hatte, wohnte zwar jetzt in Lauterbach. Er fuhr aber nahezu täglich nach Allmenrod, um sich, angesichts der knappen Lebensmittelrationen für die Normalverbraucher, für seine Frau und die beiden kleinen Kinder auf dem elterlichen Bauernhof Milch oder andere Lebensmittel zu holen. Er war gerne bereit, mich nach Allmenrod mitzunehmen. Als wir in Allmenrod eintrafen, stieg ich auf der „Johannisbrücke" bei „Fettes", dem Hause meiner späteren Schwiegereltern, aus dem PKW aus und ging zu Fuß weiter. Mein Weg führte mich nun - das hatte ich mir schon vorher überlegt - nicht gleich nach Hause, sondern zunächst zu meiner Großmutter ins Nachbarhaus nach „Eidmanns". Meine Großmutter rief meine Mutter dorthin; es sei ein Soldat gekommen, der „Ädder" (Mundartausdruck für „Nachricht", aus dem französischen stammend: von „Ordre/Order") von Fritz bringe.

Meine Mutter kam gelaufen und wir fielen uns in die Arme. Meine Eltern hatten die letzte Post von mir aus Bad Reinerz im März erhalten und befanden sich deshalb in begreiflicher Sorge, ob ich den Krieg überlebt hätte. Meinen Vater und meinen Großvater traf ich in unserer Scheune. Wir hatten nachmittags die Dreschmaschine gehabt und die beiden waren dabei, in der Scheunentenne und im Hof aufzuräumen. Beim Hinzukommen roch ich das frische Stroh und den aus dem gedroschenen Getreide gefallenen Spreu. Aus dem Stall neben der Tenne hörte ich das mahlende Geräusch der wiederkäuenden Kühe und ab und zu das Klirren der Anbindeketten. Ich war zu Hause.

Inhalt

Abkürzungen und Erläuterungen

Abstellungsurlaub: Urlaub, mindestens zwei Wochen, der laut
„Führerbefehl" jedem Soldaten vor seiner Abstellung zur
Fronttruppe gewährt werden sollte.

AOK: Armeeoberkommando

A.K.: Armeekorps

Div.Gr.: Divisionsgruppe (Regiment)

gvH.: Garnisonsverwendungsfähig Heimat

gvF.: Garnisonsverwendungsfähig Feld

kv.: Kriegsverwendungsfähig

bed. kv.: Bedingt kriegsverwendungsfähig
Die vorstehenden Tauglichkeitsgrade wurden bei der Mu-
sterung nach dem Ergebnis der ärztlichen Untersuchung
festgelegt. Die Tauglichkeitsgrade gvH und gvF kamen
gegen Jahresende 1943 (totaler Kriegseinsatz) in Wegfall
und wurden durch bed.kv. ersetzt.

HKL: Hauptkampflinie

HVP: Hauptverbandplatz
Im Gegensatz zum „Truppenverbandplatz" der unmittelbar
hinter der HKL eingerichtet wurde und nur mit einem Arzt
besetzt war, konnten in dem mit mehreren Chirurgen besetzten HVP unaufschiebbare Operationen vorgenommen
werden.

Inf.Div./I.D.: Infanteriedivision

Korpsabt.: Korpsabteilung (Division)

Krankentransportzug: Jede Division verfügte über
einen Krankentransportzug, der mit einer Anzahl Sankas
(Sanitätskraftwagen) ausgestattet war. Mit diesen Fahrzeugen wurden nicht gehfähige Verwundete transportiert.

Pak: Panzerabwehrkanone

Qu-Abt.: Quartiermeisterabteilung; eine Abteilung
innerhalb höherer Stäbe (ab Division), die mit Versorgung
und Nachschub befasst war.

Rgts.Gr.: Regimentsgruppe (Bataillon)